冷链
物流管理

卢川榕 夏 冬 黄 灼 主编

LENGLIAN
WULIU GUANLI

哈尔滨出版社
HARBIN PUBLISHING HOUSE

图书在版编目（CIP）数据

冷链物流管理 / 卢川榕，夏冬，黄灼主编. -- 哈尔
滨：哈尔滨出版社，2025. 1. -- ISBN 978-7-5484
-8275-8

Ⅰ. F252. 8

中国国家版本馆 CIP 数据核字第 2024WF2909 号

书　　名：**冷链物流管理**
LENGLIAN WULIU GUANLI

作　　者：卢川榕　夏　冬　黄　灼　主编
责任编辑：费中会

出版发行：哈尔滨出版社（Harbin Publishing House）
社　　址：哈尔滨市香坊区泰山路 82-9 号　邮编：150090
经　　销：全国新华书店
印　　刷：北京鑫益晖印刷有限公司
网　　址：www.hrbcbs.com
E - mail：hrbcbs@ yeah.net
编辑版权热线：（0451）87900271　87900272
销售热线：（0451）87900202　87900203

开　　本：787mm×1092mm　1/16　印张：12　字数：235 千字
版　　次：2025 年 1 月第 1 版
印　　次：2025 年 1 月第 1 次印刷
书　　号：ISBN 978-7-5484-8275-8
定　　价：58.00 元

凡购本社图书发现印装错误，请与本社印制部联系调换。
服务热线：（0451）87900279

前　　言

随着全球化和消费升级的趋势,冷链物流在保障食品安全、药品质量以及满足消费者对高品质产品需求方面发挥着越来越重要的作用。近年来,我国冷链物流行业迅速发展,但与国际先进水平相比,仍存在一些差距。目前,冷链物流面临着诸多挑战,如运输过程中的温度控制难题、仓储设施落后、信息化程度不高等。这些问题不仅影响了冷链物流的效率,还可能对产品质量和安全造成潜在威胁。因此,深入研究冷链物流管理,提升行业的技术水平和服务质量,已成为当下亟待解决的问题。本书旨在通过系统分析冷链物流的各个环节,探索有效的管理方法和技术手段,以期为我国冷链物流行业的持续健康发展提供理论支持和实践指导。

全书共分为九个模块,涵盖了冷链物流的基础知识、运营流程、原材料获取、原材料的商品化处理、仓储管理、加工管理、运输与配送管理、质量控制与成本管理,以及冷链物流的信息化与智能化技术。模块一介绍了冷链与冷链物流的基本概念,以及冷链物流系统与相关技术。模块二深入探讨了冷链物流的运营流程和技术要求与标准,为读者提供了全面的运营指导。模块三至四聚焦于原材料的获取和商品化处理,详细阐述了果蔬和肉类的采收、获取以及采后处理技术。模块五重点讨论了冷链仓储管理的设施、设备以及运作管理,确保存储环节的高效与安全。模块六探讨了冷链加工管理,包括加工设施、设备及辅料,同时详细介绍了果蔬和肉类的加工产品及技术。模块七则专注于冷链运输与配送管理,涉及运输方式的选择、温度控制与监测技术,以及配送策略的优化。模块八深入剖析了冷链物流的质量控制与成本管理,提供了有效的质量控制方法、成本核算与控制手段,以及风险识别与评估策略。模块九展望了冷链物流的信息化与智能化技术,探讨了冷链物流信息系统的设计与实施,智能化技术的应用,以及大数据与物联网在冷链物流中的广阔前景。

通过本书,读者可以全面了解和掌握冷链物流管理的核心知识和技能,为实际工作提供有力的指导和支持。

目　　录

模块一 认识冷链物流

项目一 认识冷链与冷链物流

任务1 认识冷链

1.1 冷链的含义

1.1.1 冷链的普遍含义

冷链,指的是一个特定的供应链系统,强调在产品从生产到消费的全过程中,通过持续的温度控制来确保产品的品质和安全。冷链的核心是"温度控制",强调在产品的整个生命周期中,无论是在生产、储存、运输,还是在销售过程中,都需要维持一个恒定的、符合产品保存要求的温度环境。这种控制不仅要求技术上的精准,更需要管理上的精细,以确保每一个环节都能严格遵循温度控制的标准。冷链不仅适用于食品行业,特别是需要冷藏或冷冻保存的生鲜食品,还广泛应用于医药、化工等领域。在这些领域中,产品的品质和安全性对温度条件极为敏感,因此,冷链成为确保这些产品品质和安全的重要手段。冷链管理不仅仅是单一环节的温度控制,而是涉及整个供应链的优化和协调,需要生产、物流、销售等多个部门的紧密合作,以确保产品在每一个环节都能得到妥善保存和运输。这种综合性的管理方式,使得冷链成为一个高度复杂且需要精细化操作的系统。

1.1.2 各国冷链的定义

美国食品药品管理局(US Food and Drug Administration,FDA)将冷链定义为"贯穿从农田到餐桌的连续过程中维持适宜的温度,以抑制细菌的生长"。欧盟把冷链定义为"冷链是指原材料的供应、经过生产、加工或屠宰,直到最终消费为止的一系列有温度控制的过程,冷链是用来描述冷藏和冷冻食品的生产、配送、储存和零售这一系列相互关联的操作的术语"。日本明镜国语辞典指出,冷链"通过采用冷冻、冷藏和低温储藏等技术,使鲜活食品、原料保持新鲜状态由生产者流通至消费者的系统"。

1.2 冷链的构成

冷链的构成是一个复杂而精细的系统,包括多个关键环节和组成部分,共同确保产品在从生产到消费的整个过程中保持恒定的低温环境,见图1-1。

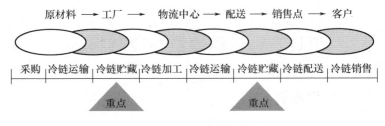

图1-1 冷链的构成

1.2.1 采购

冷链的采购环节是冷链物流体系中的重要组成部分,涉及从供应商选择、产品筛选到温度控制等多个方面,对于确保整个冷链流程的顺畅和产品质量的保障具有至关重要的作用。在冷链的采购环节中,要先选择供应商,不仅要求供应商具备良好的信誉和稳定的供货能力,更需要其具备符合冷链物流要求的设施和设备,以确保所提供的产品能够在整个冷链过程中保持恒定的温度环境。供应商的筛选标准应严格遵循冷链物流的规范,从而确保采购的源头安全可靠。在冷链物流中,并非所有产品都适合进行冷链运输和储存。因此,在采购时需要对产品进行全面的评估,包括其保存期限、温度要求以及可能的温度变化对产品品质的影响等。这一步骤的目的是确保所采购的产品能够在冷链物流中得到有效的保存和运输,避免因产品特性不符而导致的品质下降或损失。冷链物流的核心是温度管理,因此在采购过程中就需要对产品的温度进行严格的监控和调整,包括在采购过程中对产品的初步冷却、温度记录以及可能的温度调整等措施。通过这些措施,可以确保产品在采购环节就已经处于一个稳定的低温状态,为后续的冷藏运输、贮藏和销售等环节奠定良好的基础。

1.2.2 冷链运输

冷链运输涉及产品的中长距离移动,在这一过程中,确保货物始终处于规定的低温状态至关重要,不仅要求高效的物流组织,还要具备专业的运输工具和精细的温度管理系统。从物流组织的角度来看,冷链运输应具备高度的计划性和协调性,货物的装卸、运输路线的规划、运输方式的选择等都必须精确到分钟甚至秒钟,以减少在转运过程中的时间延误,从而确保产品质量和安全。冷链运输依赖于专业的运输工具,包括冷藏车、冷藏集装箱等,都要配备先进的制冷系统,能够在运输过程中提供稳定且适宜的低温环境。例如,冷藏车通常具有严格的温度控制系统,能够根据货物的需求调整车厢内的温度,并确保在整个运输过程中温度的稳定。通过使用温度传感器和数据记录仪等设备,可以实时监测和记录货物在运输过程中的温度变化。这些数据不仅有助于及时调整制冷系统的工作状态,还可以为后续的质量控制和产品追溯提供重要依据。在运输过程中,可能会出现各种突发情况,如制冷系统故障、交通事故等。因此,冷链运输必须配备完善的应急预案和安全系统,以确保在紧急情况下能够及时采取措施,最大限度地减少货物损失和保障人员安全。

1.2.3　冷链贮藏

1.2.3.1　核心目标

冷链贮藏的核心目标是维持产品在恒定的低温环境中,以防止产品腐败、变质,从而确保其品质、营养价值和安全性。这种温度控制需求通常根据产品的类型和特性而有所不同,例如,肉类和海鲜可能需要更低的温度来保持新鲜,而某些水果和蔬菜则可能在稍高的冷藏温度下保存更佳。

1.2.3.2　技术装备

冷链贮藏设施配备了高精度的温控系统,能够实时监控和调整仓库内的温度和湿度。这些系统通常采用先进的传感器技术和自动化控制算法,确保环境参数稳定在设定的安全范围内。高效的制冷设备是冷链贮藏的基石,能够快速降低温度并保持稳定的低温环境。这些设备通常具备节能环保特性,并配备有备用系统以应对可能的故障。为了确保贮藏环境的可追溯性和质量控制,冷链贮藏还依赖于数据记录和监控系统。这些系统能够持续收集温度、湿度等关键数据,并生成报告以供质量管理人员分析。

1.2.3.3　管理策略

有效的库存管理策略对于确保产品按照"先进先出"原则进行流转至关重要。这有助于减少产品在贮藏环境中的停留时间,从而降低品质下降的风险。冷链贮藏设施要定期进行检查和维护,以确保所有设备处于最佳工作状态。这包括制冷系统的检查、传感器的校准以及仓库结构的完整性评估。为应对可能的设备故障或外部干扰(如电力中断),冷链贮藏设施需要制订详细的应急预案。这些预案通常包括备用电源系统、紧急温度控制措施以及产品转移计划。冷链贮藏在设计和运营过程中还需考虑环境影响和可持续性,通过采用节能型制冷技术和可再生能源,可以减少对环境的影响。同时,合理的仓库布局和物流规划也能有效提高能源利用效率。

1.2.4　冷链加工

冷链加工涵盖了从原材料采购到最终产品形成的整个过程,且均需在严格的温度控制下进行,对于确保食品或其他温度敏感产品的质量、安全性和延长保质期具有至关重要的作用。冷链加工的第一个环节通常是原材料的采购与初步处理,要求选择符合质量标准适宜冷链处理的原材料,并在采购后立即进行初步的温度控制处理,以确保原材料在进入加工环节前保持适宜的温度状态。加工准备阶段的关键是对加工设备和场所进行全面的清洗、消毒以及温度调试,确保加工环境符合卫生标准和温度控制要求。同时,对工作人员进行专业培训,确保他们了解并遵循冷链加工的操作规程。进入正式加工环节,温度控制变得尤为关键,根据不同的产品特性和加工要求,加工车间需维持恒定的低温环境,通常是通过先进的温控系统和制冷设备来实现的。此外,加工过程中的每一步操作都需严格遵循工艺流程和时间控制,以确保产品的品质和安全。加工完成后,产品会进入包装环节,包装材料的选择需考虑到材料的保温性能、防潮防氧化能力以及是否符合食品安全标准,包装过程中还需确保产品在封装后的密封性和温度稳定性。最后,经过冷链加工的产品会进行质量检验和控制,包括对产品的温度、外观、口感以及微生物指标等进行全面检测,确保产品符合相关标准和法规要求。

1.2.5　冷链配送

冷链配送是确保产品品质在供应链"最后一公里"得到保持的关键步骤,冷链配送不仅涉及产品的运输,更重要的是在整个配送过程中维持产品所需的低温环境,从而确保产品在送达消费者手中时仍能保持其原有的品质。冷链配送的核心在于对温度和时间的精准控制,温度是影响产品品质的关键因素,特别是在配送易腐、生鲜等产品时,温度波动可能导致产品变质、营养流失甚至产生安全隐患。因此,冷链配送必须依托先进的温控技术和设备,如冷藏车、保温箱等,确保产品在运输途中的温度稳定且符合产品保存要求。除了温度控制,时间管理也是冷链配送不可忽视的一环,配送时间的延长可能导致产品品质下降,尤其是在高温季节或长途运输中。因此,冷链配送需要高效的物流管理系统,通过优化配送路线、提高装卸效率、减少中转环节等措施,缩短产品从出库到送达的时间,从而最大限度地保持产品新鲜度。此外,冷链配送还需考虑产品的包装和标识,适宜的包装能够减缓外界温度对产品的影响,同时确保产品在运输过程中的完整性和卫生。而清晰的标识则能帮助消费者识别产品的生产日期、保质期等信息,提高消费者对产品的信任度。

1.2.6　冷链销售

冷链销售涉及在严格的温度控制下,将产品从供应链传递到最终消费者的过程,不仅关乎产品的流通效率,更直接影响产品的品质保持和消费者的健康安全,因此在整个冷链物流体系中占据举足轻重的地位。由于多数冷链产品如食品、药品等对温度极为敏感,销售过程中必须确保恒定的低温环境,防止产品因温度变化而变质。为此,冷链销售依赖于专业的冷藏展示柜、温控仓储等设施,这些设备能够精确控制产品所处的环境温度,从而保障产品品质。销售终端如超市、药店等需要建立完善的库存管理系统,确保产品按照先进先出的原则进行销售,减少产品在销售环节的滞留时间,进而降低品质风险。同时,通过信息技术手段实时监控库存状态和销售数据,以便及时调整销售策略,满足市场需求。冷链销售还承担着消费者教育和引导的职责,通过提供详细的产品信息,如生产日期、保质期、储存方式等,帮助消费者了解产品的特性和储存要求,从而确保产品在消费者手中的品质和安全。此外,随着市场需求的不断变化和消费者购买习惯的差异,冷链销售需要灵活调整销售策略,如提供线上购买、送货上门等服务,以满足多样化的市场需求。

1.3 冷链发展层次

1.3.1 操作层

操作层是冷链物流体系中的基础执行层面,直接涉及冷链物流的具体运作和执行过程,不仅负责接收和处理冷链物流系统的外部命令,还承担着实现这些命令的具体操作任务。在操作层,核心的任务是确保冷链物流的各个环节能够高效、准确地执行,包括从接收货物、进行温度控制、库存管理,到最后的配送和交付等一系列流程。操作层需要密切关注货物的状态,确保其在整个冷链过程中始终处于规定的低温环境下,以保持产品质量和减少损耗。为了实现这一目标,操作层通常会引入先进的物流管理系统,通过信息化手段提高操作的精准度和效率。例如,利用物联网技术对货物进行实时跟踪和监控,确保温度控制的连续性和稳定性;通过大数据分析优化库存管理和配送路线,降低成本并提高客户满意度。此外,操作层还涉及对冷链物流设施和设备的管理和维护,包括定期检查和维护冷藏设备、温控系统等,确保其正常运行并满足冷链物流的需求。

1.3.2 管理层

管理层承担着规划、组织、指导和控制冷链物流活动的职责,在冷链物流的运营过程中,管理层要从战略高度出发,对冷链物流网络进行规划与设计,确保整个物流体系的顺畅运作,制定冷链物流的发展战略和目标,包括确定冷链物流的发展方向、重点业务领域以及市场竞争策略等。通过明确战略目标,可以为冷链物流的长远发展提供指导。管理层要构建和完善冷链物流的组织结构和管理体系,包括设立合理的组织架构,明确各部门的职责和权限,建立有效的沟通协调机制,以确保冷链物流活动的顺利进行。在冷链物流的日常运营中,管理层还要对各项物流活动进行计划、组织和控制,涉及制订详细的物流计划,合理安排运输、仓储、配送等环节的资源,监控物流过程中的温度控制、时间管理等关键指标,以确保产品质量和安全。

1.3.3 战略层

战略层是冷链物流体系的最高层次,涉及冷链物流的整体规划、长远发展和战略布局,战略层要从宏观的角度审视冷链物流行业,为企业或整个产业链制定发展方向、目标和策略。战略层关注的是冷链物流行业的整体趋势和市场环境,包括分析全球和地区的市场规模、增长趋势,以及消费者需求、政策环境等多方面因素。例如,近年来全球食品冷链行业市场规模逐年扩大,这主要受益于食品贸易增加、消费结构升级等因素。战略层需要敏锐捕捉这些市场变化,为企业指明发展方向。战略层要制定冷链物流的长期发展规划和目标,包括明确企业的市场定位、竞争优势,以及在未来几年内的具体发展目标。例如,通过优化供应链、提高运输效率、降低能耗等措施,来提升冷链物流的整体性能和竞争力。此外,战略层还需关注技术创新和可持续发展,随着信息技术、制冷技术等的不断进步,冷链物流行业正迎来转型升级的契机。战略层应积极推动企业引入新技术、新设备,以提升冷链物流的智能化、自动化水平。同时,考虑到环保和可持续发展已成为全球共识,战略层还需要在规划中融入绿色、低碳的发展理念,推动冷链物流行业向更加可持续的方向发展。

任务 2 认识冷链物流

2.1 冷链物流概述

2.1.1 冷链物流的含义

冷链物流,作为一个专业的物流领域,其含义是指在生产、贮藏、运输、销售直至消费的各个环节中,始终确保产品处于规定的低温环境下,以保证产品质量、减少损耗的一项系统工程。这一概念的形成与发展,是基于现代科学技术的进步和制冷技术的革新。冷链物流的核心目标是维持产品的品质与安全性,特别是在食品、医药等对于温度敏感的行业。冷链物流不仅仅是一个简单的运输过程,涵盖了从初加工、储存、运输到流通加工、销售和配送的每一个环节。在这个过程中,温度控制是至关重要的一环,直接影响产品的质量、口感甚至安全性。冷链物流依赖于先进的冷冻工艺和制冷技术,以及特殊的运输工具,如冷库、冷藏车和冷藏箱等。此外,冷链物流也是一个高度综合的领域,融合了农业、工业和服务业等多个领域的知识和技术,这种跨学科、跨行业的特性使得冷链物流在现代供应链管理中占据了举足轻重的地位。特别是在全球化背景下,随着消费者对产品质量和安全性的日益关注,冷链物流的重要性愈加凸显。

2.1.2 冷链物流的特点

2.1.2.1 建设投资大,技术复杂

冷链物流的建设投资显著大于常温物流,是因为冷链物流需要建立一整套温控设施和设备,包括但不限于冷库、冷藏车、温控包装等,这些都需要大量的资金投入。特别是为了确保产品在整个供应链中始终处于规定的低温环境,冷链物流中心仓库和冷链车辆的成本往往是常温仓库和车辆的数倍。此外,由于冷链物流涉及的产品多为易腐、生鲜或医药品等,对存储设备、卫生条件和环境控制有极高的要求,这也进一步增加了建设的投资成本。与常温物流相比,冷链物流涉及更多的技术领域,如制冷技术、保温技术、温湿度检测技术以及先进的信息系统等。这些技术的运用不仅要求高度的精准性和稳定性,还需要考虑不同产品对温湿度的特定要求。例如,某些生鲜产品可能需要在特定的低温环境下储存,而某些医药品则可能需要恒定的温度和湿度来保持其有效性。这种技术复杂性使得冷链物流在操作过程中需要高度的专业性和精细化的管理。

2.1.2.2 要求冷链各环节具有更强的组织协调性

冷链物流要求冷链各环节具有更强的组织协调性,体现了冷链物流操作的精细化和系统化要求,冷链物流涉及的产品多为易腐、生鲜或需要特殊温度控制的物品,其品质和安全性与温度、时间的控制紧密相关。因此,从原材料的采购、加工、储藏到配送的每一个环节,都需要精确的时间管理和温度控制,这就要求各环节之间必须具有高度的组织协调性。冷链物流中的任何一个环节的失误都可能导致整个链条的断裂,进而影响产品的质量和安全。例如,如果运输环节出现延误,可能导致产品暴露在不适宜的温度环境中,进而引发品质问题。同样,如果储存环节的温度控制不当,也可能导致产品变质。因此,冷链物流要求各环节之间必须建立紧密的联系和高效的沟通机制,以确保信息的及时传递和问题的及时解决。为了实现这种高度的组织协调性,冷链物流依赖于先进的信息技术和管理系统。通过物联网、大数据、云计算等技术的应用,可以实时监控产品的温度、湿度等关键指标,及时预警潜在问题,并优化运输和储存方案。同时,通过供应链管理系统,可以实现各环节之间的信息共

享和协同工作,提高整个链条的透明度和可追溯性。

2.1.2.3　要求更加关注控制运作成本

对控制运作成本的高度关注源于冷链物流本身的特性和市场环境的变化,冷链物流的运作成本显著高于常温物流,是因为冷链物流需要使用专门的冷藏设备、温控设施以及高效的信息管理系统,需要大量的资金投入。例如,冷库的建设和维护、冷藏车的购置和运营、温度监控系统的安装和使用等都会产生高昂的费用。因此,为了保持盈利能力,冷链物流企业要更加关注成本控制。市场竞争的加剧也使得控制运作成本成为冷链物流企业的关键战略,在生鲜市场等领域,随着消费者需求的多样化和个性化,以及电商、新零售等新型业态的兴起,冷链物流企业面临着越来越大的市场竞争压力。为了在市场上立足并发展壮大,这些企业要通过精细化管理、技术创新等手段来降低运作成本,提高服务质量和效率。

2.1.2.4　冷链物流市场经营规模小,网络分散

目前来看,冷链物流市场的经营规模较小,部分原因在于该行业的专业性和高成本门槛,冷链物流需要专业的设备、技术和管理来确保产品质量和安全,这增加了新进入者的难度和成本。同时,由于冷链物流的需求受到季节性、地理区域和产品特性的影响,市场需求的波动性较大,这也限制了经营规模的扩大。网络分散现象的成因多样,包括地区经济发展不平衡、消费需求多样化以及行业内的竞争格局等。网络分散表现在冷链物流企业的布局上,很多中小企业在地域上分散,没有形成集中的物流网络,这增加了物流的成本和时间。同时,分散的网络也影响了冷链物流的效率和服务质量,限制了行业的整体发展。

2.2　冷链物流构成

冷链物流构成了一个从冷冻加工到冷冻销售的完整链条,每个环节都高度依赖专业的冷链装备和技术,以确保产品在整个流程中保持恒定的低温环境,从而最大限度地保持食品的新鲜度和品质。这一系统的有效运作,不仅依赖于先进的技术和设备,还需要各环节之间的紧密协调与高效管理,其构成模型见图1-2。

2.2.1　冷冻加工

冷链物流中的冷冻加工环节,是整个冷链流程的起始点,也是确保产品质量和安全性的关键环节,不仅涉及对原材料的快速降温处理,还包括在一系列低温条件下的精细加工作业。冷冻加工的对象广泛,包括但不限于肉禽类、鱼类、蛋类以及果蔬等生鲜食品。这些产品通常需要经过快速的冷却或冻结处

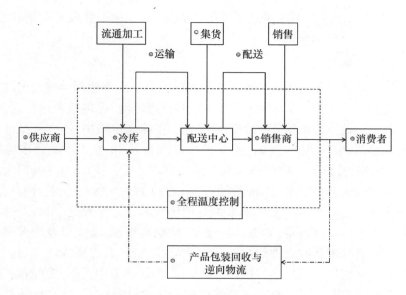

图 1-2　冷链物流构成模型

理,以降低其内部的生化反应速率,从而延长保质期并保持食品的营养价值和口感。在冷冻加工过程中,要根据不同的食品类型和加工要求,精确控制冷却或冻结的温度和时间。例如,某些肉类产品可能需要在特定的低温下进行快速冷却,以确保肉质的新鲜度和口感。而一些果蔬产品则可能需要进行缓慢的冷却过程,以避免因快速降温而引起的细胞破裂。此外,冷冻加工还依赖于先进的设备和工艺,例如,现代化的冷冻加工厂通常配备有高效的冷却系统、精确的温控装置以及自动化的加工流水线。这些设备和工艺的应用,不仅提高了冷冻加工的效率,还进一步确保了产品的质量和安全性。

2.2.2　冷冻贮藏

冷链物流中的冷冻贮藏环节是确保食品在储存过程中保持优良品质的关键部分,这一环节的核心目标是维持食品在恒定的低温环境中,从而延缓食品的生化反应,减少微生物的生长,保持食品的营养价值、口感和安全性。在冷冻贮藏中,各类食品都有其特定的贮藏温度要求,如肉类、鱼类等通常需要在较低的温度下保存以保持其新鲜度。因此,冷冻贮藏设施,如冷藏库、加工间、冷藏柜和冻结柜等,都配备了精确的温控系统,以确保内部的温度稳定在设定的范围内。对于某些食品,如水果和蔬菜,保持适宜的湿度可以减少水分的流失,从而保持食品的口感和外观。因此,贮藏设施通常也具备湿度调节功能。此外,冷冻贮藏还需要考虑食品的堆放和排列方式,合理堆放可以确保食品均匀受冷,避免温度差异引起的品质下降。同时,为了便于管理和取货,贮藏设施通常会进行分区和标识。

2.2.3　冷藏运输

冷链物流构成中的冷藏运输环节是确保食品从生产地到消费地的过程中品质不受损害的关键环节,不仅涉及食品的长途运输,还包括短途配送,要求食品在整个运输过程中始终处于低温状态。在冷藏运输中,不同类型的食品对温度的要求各不相同,例如,保鲜类食品如蔬菜和水果通常要求温度在2℃~8℃之间;冷鲜类如排酸肉品和海鲜则要求0℃~-5℃;而冷冻类食品如速冻食品和冻肉制品需要更低的温度,一般为-10℃~-18℃之间。因此,冷藏运输必须根据不同食品的温度需求进行精确控制。为实现这一目标,冷藏运输依赖于专业的冷藏设备,如铁路冷藏车、冷藏汽车、冷藏船以及冷藏集装箱等。这些设备均配备有先进的制冷系统和温控装置,以确保在运输过程中食品始终处于恒定的低温环境。相关数据显示,冷链物流中大约有90%的肉类、80%的水产品需要在这样的冷藏设备中进行运输,以减少食品在运输过程中的损耗。由于冷链物流商品大多是易腐、生鲜食品,保质期和保鲜期相对较短,这就要求冷藏运输能够快速准确地将食品送达目的地。同时,为保证食品安全,冷藏运输过程中还需严格遵守卫生和安全标准,防止食品受到污染。

2.2.4　冷冻销售

冷链物流构成中的冷冻销售环节是冷链物流链条的终端环节,直接面向消费者,其重要性不言而喻,不仅涉及冷藏产品的批发和零售,更关乎产品品质的最终呈现和消费者的购买体验。与之前的冷藏运输环节相衔接,冷冻销售要求产品在销售过程中继续保持恒定的低温环境,以确保产品的新鲜度和品质不受损害。这通常通过在销售场所配备专用的冷藏陈列柜和储藏库来实现,这些设备能够维持稳定的低温条件,从而延长产品的保质期。由于冷藏产品通常是食品,其外观、口感和新鲜度对消费者的购买决策具有重要影响。因此,在冷冻销售环节,需要精心设计产品的陈列方式,以吸引消费者的注意并激发他们的购买欲望。从行业发展的角度来看,冷冻销售环节的优化和创新也是冷链物流发展的重要方向。随着消费者对食品安全和品质的要求不断提高,以及新零售模式的兴起,冷冻销售正面临着前所未有的机遇和挑战。例如,通过引入智能温控技术、开发线上销售渠道、提供定制化服务等手段,可以进一步提升冷冻销售的效率和消费者满意度。

项目二　了解冷链物流系统与冷链物流技术

任务1　了解冷链物流系统

1.1　冷链物流系统的定义与特点

1.1.1　冷链物流系统的定义

冷链物流系统作为一个高度专业化的物流分支,指的是在物流过程中,通过采用特定的制冷技术和设备,对需要温控的商品进行持续的低温控制,以确保这些商品在运输、储存、销售直至消费的各个环节中始终保持规定的低温环境。这种系统的核心目标是保证商品质量,减少因温度变化而引起的商品损耗。冷链物流系统涉及一系列的管理和信息流程,例如,温度监控系统能够实时监测和记录商品在运输和储存过程中的温度数据,确保温度控制的精准性和可追溯性。同时,高效的物流信息系统能够追踪商品的位置和状态,提供实时的物流信息,以支持决策制定和优化物流流程。冷链物流系统的应用不仅限于食品行业,还广泛涉及医药、化工等领域,其中对温度敏感的商品都需要通过冷链物流系统来确保其品质和安全。随着科技的进步和消费者对商品品质要求的提高,冷链物流系统的重要性日益凸显,其对于保障商品质量、减少损耗以及满足市场需求具有不可替代的作用。

1.1.2　冷链物流系统的特点

1.1.2.1　高投入与运营成本

冷链物流系统的建设需要大量的资金投入,由于系统要求具备高效的制冷设备和温控设施,如冷藏车、冷藏库以及先进的温度监控系统,这些专业设备的购置和安装成本远高于普通物流设备。同时,为了确保冷链物流的高效运作,还需要对现有的物流基础设施进行改造和升级,这也将增加初期投资的成本。冷链物流系统的运营成本也相对较高,一方面,冷链物流的制冷设备和温控设施需要持续消耗大量的能源,特别是电力,以保持恒定的低温环境,这导致能源成本显著增加。另一方面,冷链物流涉及高度专业化的操作和管理,需要聘请具备相关技能和知识的员工,并定期进行培训,以确保系统的稳定运行。这些人力资源的投入也增加了运营成本。此外,冷链物流系统的高投入与运营成本还与其高度复杂性和严格的质量要求密切相关。为了确保产品在整个物流过程中的品质和安全,系统需要采用先进的信息技术进行实时监控和管理,这也需要相应的资金投入。同时,为了满足消费者对新鲜、高质量产品的需求,冷链物流系统还需要不断优化和改进,以适应市场的变化和需求的增长,这进一步推高了投入和运营成本。

1.1.2.2 信息化要求高

冷链物流系统的信息化要求高,是由其特殊的物流需求和操作复杂性所决定的。在冷链物流中,信息化不仅是一种工具,更是确保物流效率和产品品质的关键因素。冷链物流涉及的产品,如生鲜食品、药品等,对温度、湿度等环境因素极为敏感。因此,系统要精准地监控这些环境因素,确保产品在运输和储存过程中的品质稳定。信息化技术,如物联网传感器和远程监控系统,使得实时数据采集和监控成为可能。通过这些技术,冷链物流系统能够持续跟踪产品的温度、湿度等关键指标,及时发现并解决潜在问题。冷链物流系统的操作复杂性也要求高度的信息化支持,从订单处理、库存管理到配送路线的优化,每一个环节都需要高效的信息处理来确保物流的顺畅进行。例如,通过先进的仓储管理系统,可以实现对库存产品的精确跟踪和管理,避免过期或损坏产品的出现。同时,利用大数据和人工智能技术,可以对历史数据进行分析,预测未来的物流需求,从而优化配送路线和计划,提高物流效率。信息化还在冷链物流的安全性和可追溯性方面发挥着重要作用,通过电子数据交换和信息系统,可以确保产品信息的准确性和一致性,防止信息篡改和欺诈行为。同时,一旦出现问题,如产品质量问题或运输延误,信息化系统可以快速定位问题来源,提供详细的追溯信息,有助于及时解决问题并防止类似事件的再次发生。

1.1.2.3 专业的管理团队

冷链物流不仅涉及普通的物流运输和仓储管理,还涵盖了温度控制、食品安全、医药规范等多个专业领域,这就要求管理团队具备深厚的专业知识和丰富的实践经验。冷链物流系统的管理团队要具备制冷技术知识,以确保商品在整个物流过程中始终处于适宜的温度环境。他们需要了解不同商品对温度的具体要求,以及如何通过调整冷藏设备和技术来满足这些要求。管理团队还需具备食品安全和医药规范方面的知识,冷链物流中许多商品都是食品或药品,这些商品的安全性和合规性至关重要。管理团队需要了解相关的法规和标准,确保商品在运输和储存过程中符合卫生和安全要求。此外,管理团队还需要具备高效的物流管理能力,要合理规划运输路线和仓储布局,以提高物流效率并降低成本。同时,管理团队还需要熟练运用现代信息技术,如物联网、大数据等,以实现对冷链物流全过程的实时监控和优化。

1.2 冷链物流系统运作流程与优化

1.2.1 冷链物流系统运作流程梳理

从采购环节开始,冷链物流系统要与供应商紧密沟通,确保所采购的商品质量和温度要求得到满足。这一环节涉及对供应商的选择、评估与管理,以确保货源的稳定性和品质的可靠性。接下来进入加工环节,对于需要冷链保鲜的商品,如食品或某些特殊药品,系统会进行冷藏或冷冻处理。这一步骤旨在延长商品的保鲜期并维持其质量,可能涉及预冷、速冻等专业技术。之后是存储环节,冷链物流的仓库通常配备有专门的冷库和冷藏设备,用于在适宜的温度和湿度条件下储存商品。这一环节的关键在于保持库内环境的稳定,以防止商品变质或损坏。紧接着是运输环节,冷链物流需要使用专门的冷藏车辆或冷藏集装箱来运输商品。运输过程中,系统会对温度进行实时监控,并根据实际情况做出及时调整,以确保商品在运输途中的品质和安全。销售环节中,冷链物流系统要与零售商或终端消费者进行配送和交付。在这一环节中,系统要确保商品在离开冷链环境后仍能保持一定的新鲜度和质量,通常涉及对配送时间的精确把控和交付方式的合理选择。

1.2.2 流程瓶颈识别与优化策略

1.2.2.1 流程瓶颈识别策略

在冷链物流中,瓶颈通常指的是那些限制整体流程速度和效率的环节或因素。为了精准地识别这些瓶颈,需要采取一系列科学的策略,要利用数据分析和监控技术,对冷链物流的各个环节进行细致的审查,包括对采购、加工、存储、运输和销售等每个环节的时效、成本和质量进行量化评估。通过收集和分析历史数据,可以发现哪些环节经常出现延误、损耗或质量问题,从而初步确定可能的瓶颈所在。要运用流程图和关键路径法等工具,对冷链物流的整体流程进行可视化分析,这些工具能够帮助管理者清晰地看到物流过程中的每一个环节及其相互关系,进而找出那些可能影响整体效率的关键环节。特别是当某个环节的延误或问题会导致整个流程的停滞时,该环节很可能就是一个瓶颈。此外,还要通过实地观察和员工反馈来获取更多关于流程运作的实际情况。实地观察可以直观地了解现场操作环境和员工的工作效率,而员工反馈则可以提供关于设备性能、工作流程和工作环境等方面的第一手信息。这些都是识别瓶颈的重要依据,要综合考虑多个方面的信息,包括数据分析结果、流程图分析、实地观察和员工反馈等,以全面、准确地识别出冷链物流系统中的瓶颈。这种综合性的识别策略不仅能够找出当前的瓶颈环节,还能为后续的流程优化提供有力的支持。

1.2.2.2 流程瓶颈优化策略

对于已识别的流程瓶颈,要深入分析其产生的原因,可能是设备性能不足、工作流程不合理、资源分配不均或是信息传递不畅等。明确了问题根源后,可以针对性地制定优化策略。针对设备性能瓶颈,可以考虑引进更先进的冷藏设备、温度传感器等,以提高冷链物流的运作效率和温控精度。同时,定期对设备进行维护和升级,确保其长期稳定运行。对于工作流程不合理导致的瓶颈,应重新审视并调整工作流程。可以利用工业工程的方法,如时间研究和动作研究,来优化工作流程,减少不必要的操作和等待时间,提高工作效率。在资源分配方面,应根据实际需求动态调整冷库、冷藏车等资源,利用数据分析技术预测物流需求,从而合理配置资源,避免资源浪费或不足。此外,还可以通过共享资源、协同运作等方式提高资源利用效率。针对信息传递不畅导致的瓶颈,应构建高效的信息管理系统。通过引入物联网技术、云计算等先进技术,实现各环节信息的实时共享和更新,确保信息的准确性和时效性。这样可以有效减少信息传递延误和误操作风险,提高冷链物流的整体效率。

1.2.3 物流信息化与智能化在冷链物流中的应用

1.2.3.1 物流信息化在冷链物流中的应用

物流信息化在冷链物流中起了举足轻重的作用,不仅提高了冷链物流的透明度,还加强了各环节的协同和整合,从而优化了整体的物流运作。在冷链物流中,通过引入先进的温度传感器和监控系统,可以实时监测和记录货物在运输和储存过程中的温度变化。这些数据不仅可以用于确保货物在适宜的温度环境下保存,还可以通过数据分析来预测和调整未来的温控策略,从而提高冷链物流的效率和货物质量的保障。通过使用条码、二维码或 RFID 技术,可以对货物进行精确的追溯与管理。这不仅有助于准确记录货物的来源、生产日期、保质期等信息,提高存储管理的效率,还能在出现问题时迅速定位并采取措施,保障消费者的权益和安全。此外,通过引入先进的物流信息系统,可以实时监控运输车辆的位置和状态,优化运输路径,减少运输时间和成本。同时,这些系统还可以为客户提供货物的在线追踪服务,增强客户对物流过程的信任感和满意度。

1.2.3.2 物流智能化在冷链物流中的应用

物流智能化在冷链物流中发挥着至关重要的作用,通过集成先进的物联网技术、大数据分析、人工智能等手段,显著提升了冷链物流的运作效率和品质保障能力。通过引入自动化立体仓库、智能货架、穿梭车等设备,实现了货物的快速存取和高效周转。这些智能化设备能够根据货物的特性和存储要求,自动进行货物的分类、定位和存储,大大提高了仓储的效率和准确性。借助先进的物联网技术,可以实时监控运输车辆的位置、温度和湿度等关键信息,确保货物在运输过程中的安全和品质。同时,通过大数据分析,可以优化运输路线和计划,减少运输时间,提高运输效率。此外,智能化的温度控制系统能够实时监测和调整仓库和运输过程中的温度,确保货物始终处于适宜的温度环境中。这种智能化的温度管理不仅提高了货物的品质保障能力,还降低了能耗和成本。同时,物流智能化还助力冷链物流实现精准的需求预测和库存管理,通过利用大数据和人工智能技术,可以对历史销售数据、市场需求等信息进行深入分析,从而更准确地预测未来的货物需求。这有助于企业合理安排生产和库存计划,减少库存积压和浪费,提高库存周转率。

1.3　冷链物流系统效率与成本控制

1.3.1　冷链物流系统效率提升途径

1.3.1.1　优化仓储布局和管理

合理的仓储布局能够最大限度地利用仓库空间,减少物料搬运的距离和时间,进而提高工作效率。同时,科学的管理策略则能确保仓库作业的流畅性和准确性,降低错误率和货物损坏风险。在仓储布局方面,应综合考虑货物的特性、存取频率以及仓库的物理条件。例如,将经常一起出库的货物放置在相邻位置,可以减少拣货和搬运时间。此外,利用货架的高度,合理分区和分类存储货物,也是提高空间利用率的有效方法。这样的布局不仅便于员工操作,还能减少不必要的移动和等待时间,从而提高工作效率。在管理方面,引入现代化的仓储管理系统是关键,能够实时跟踪货物的位置和状态,确保库存信息的准确性。通过自动化和智能化的技术手段,如 RFID 技术、条形码扫描等,可以迅速完成货物的入库、出库和盘点等操作,大大减少人为错误和纸质记录的使用。此外,定期对仓库进行维护和保养,确保设备处于良好状态,也是减少故障和停机时间的重要措施。

1.3.1.2　供应链协同

供应链协同指的是供应链中各参与方之间的紧密合作与信息共享,以实现整体流程的优化和资源的高效利用。在冷链物流领域,这种协同尤为重要,因为冷链产品需要维持特定的温度条件,且往往涉及多个环节和复杂的物流网络。通过协同,供应链各环节可以实现信息的实时共享,包括货物的状态、温度记录、运输进度等。这种透明度不仅有助于及时发现和解决问题,还能减少因信息不对称造成的延误和损失。供应链协同有助于优化资源的配置和利用,例如,在冷链物流中,不同地区的仓库和运输资源可能需要根据实际需求进行动态调整。通过协同,各环节可以更有效地协调资源,避免浪费和瓶颈。协同还能促进风险共担和应对机制的建立,冷链物流中,温度波动、设备故障等风险时有发生。通过供应链协同,各环节可以共同制定应急预案,及时响应并降低风险带来的影响。此外,供应链协同还有助于提升客户满意度,当各环节紧密配合,信息传递及时准确时,客户服务团队能更快速地响应客户需求,提供个性化的解决方案。

1.3.2 冷链物流系统成本控制策略

1.3.2.1 引入精益管理理念和方法

精益管理,源于精益生产,强调以创造价值为目标,通过消除浪费来持续提升效率和效益。冷链物流领域中,精益管理的应用旨在优化流程、减少不必要的耗费,并最大限度地满足客户需求。精益管理理念的核心在于识别价值链中的增值活动和非增值活动,致力于消除或改进非增值部分,意味着要对整个供应链进行细致分析,找出可以优化或去除的环节。例如,减少货物在仓库中的滞留时间、优化运输路径以减少运输时间和成本,或是通过提高装卸效率来缩短货物在途时间等。精益管理还强调持续改进和全员参与,在冷链物流系统中,这意味着每个员工都应该被鼓励提出改进建议,并参与到优化流程中来。通过定期的培训和团队建设活动,可以提升员工对精益理念的理解和执行力,从而在整个组织中形成一种持续改进的文化。在冷链物流中,要充分利用现代信息技术来收集和分析数据,以便更准确地了解成本构成和浪费源头。例如,通过物联网技术实时跟踪货物的温度和位置信息,可以帮助管理者及时发现并解决问题;而大数据分析则可以揭示成本控制的潜力和改进方向。在实施精益管理的过程中,冷链物流企业要建立一套完善的成本控制体系,将精益管理的理念和方法融入日常运营中,包括制定明确的成本控制目标、设立专门的成本控制团队、定期评估成本控制效果等。运用这些措施,企业可以逐步形成一种以创造价值为导向、以消除浪费为核心的文化氛围,从而实现冷链物流系统成本的有效控制。

1.3.2.2 技术创新

在现代物流体系中,技术创新不仅提升了冷链物流的运作效率,还显著降低了运营成本,为企业创造了更大的竞争优势。新型的物流技术如 GPS 定位系统、自动化处理系统等,使得货物的运输过程更加透明和可控。这些技术能够实时追踪货物的位置和状态,有助于企业做出更合理的调度决策,减少空驶和等待时间,从而提高运输效率并降低成本。在仓储管理方面,技术创新同样展现出了巨大的潜力,例如,自动化立体仓库和智能机器人等先进设备的应用,极大地提高了仓库的存储密度和作业效率。这些技术减少了人力成本,同时降低了错误率和货物损坏的风险,进一步控制了仓储成本。此外,通过物联网技术,企业可以实时监控货物的温度、湿度等关键指标,确保货物在整个供应链中保持恒定的环境条件。这不仅提高了货物的质量和安全性,还减少了因环境变化造成的货损,从而降低了成本。

任务 2　了解冷链物流技术

2.1　冷链储存技术

2.1.1　保温材料与技术

冷链储存技术中的保温材料与技术是确保储存环境稳定性的关键因素,保温材料的选择与应用对于维持恒定的低温条件至关重要,具有较低的导热系数。这意味着材料能够有效地阻隔热量的传递,从而保持储存空间内的温度稳定。在冷链储存中,常见的保温材料包括聚氨酯、聚苯乙烯等泡沫塑料,这些材料不仅保温性能优异,而且重量轻、易于施工,因此在冷链物流中得到了广泛应用。同时,保温技术的运用也很重要,包括保温材料的设计、施工以及后续的维护等方面。合理的保温结构设计能够最大化保温材料的效能,减少热量损失,提高储存环境的热效率。在施工过程中,要注意保温材料的密封性和完整性,避免热量通过缝隙或破损处渗透进来。此外,定期的维护和检查也是必不可少的,以确保保温材料和结构的持续有效性。

2.1.2　循环通风与湿度控制

2.1.2.1　循环通风

循环通风系统主要通过风机和导流装置来实现空气的循环流动,风机负责抽取冷空气并将其通过导流装置分布到整个储存空间,确保每一个角落都能达到温度控制的要求。这种循环不仅有助于保持温度的均匀性,防止因温度差异导致的产品质量下降,还能有效地排除储存空间内的有害气体和异味,维持空气的清新。循环通风系统的设计需综合考虑储存空间的大小、形状以及货物的摆放方式。合理的风口布置、风扇转速控制和导流装置的设置都是实现有效循环通风的关键。此外,定期的检查和维护同样重要,以确保通风系统的正常运行和效率。

2.1.2.2　湿度控制

在冷链储存过程中,湿度对于防止产品干燥、失水或吸湿、发霉具有至关重要的作用,湿度控制能够直接影响产品的保存质量,对于许多食品、药品以及其他需要冷链储存的商品来说,适宜的湿度是保持其原有品质、口感和药效的必要条件。例如,某些水果和蔬菜在储存过程中需要较高的湿度以保持其新鲜度和口感,而一些药品则需要特定的湿度条件来确保其稳定性和有效性。通过维持适宜的湿度环境,可以减少产品的水分蒸发或吸收,从而减缓其腐败或变质的过程。这对于减少浪费、降低成本以及保证供应链的稳定性和可持续性具有重要意义。

为了实现有效的湿度控制,冷链储存技术通常采用先进的湿度传感器和自动控制系统。湿度传感器能够实时监测储存环境的湿度水平,并将数据传输给自动控制系统。当湿度超出预设范围时,控制系统会自动调节除湿或加湿设备,以确保湿度恢复到适宜的水平。此外,冷链储存设施的设计和管理也要充分考虑湿度控制的需求,例如,储存空间的密封性、通风系统的设计以及定期的检查和维护都是确保湿度控制有效性的重要因素。

2.2 运输配送技术

2.2.1 智能化配送管理系统

智能化配送管理系统是现代物流体系中不可或缺的一环,通过综合运用先进的信息技术、人工智能及数据分析等现代科技手段,显著提升了冷链物流的运输效率和配送准确率。这一系统不仅优化了物流路径,降低了运输成本,还确保了冷链物流过程中货品的新鲜度和品质。智能化配送管理系统通过大数据分析和预测模型,精准地预测货物流动需求和运输时效,从而制订出高效的配送计划。系统能够实时监控交通状况,动态调整运输路线,以避免拥堵和延误,确保货物能够按时送达。同时,该系统还能根据货物的特性、运输距离、天气条件等多重因素,进行智能化的装载和配送顺序优化,进一步提高运输效率。智能化配送管理系统还集成了先进的物联网技术,通过安装在车辆和货物上的传感器实时收集数据,如温度、湿度、位置等,确保货物在运输过程中的环境稳定和安全,这些数据不仅用于实时监控,还被系统用于后续的数据分析和挖掘,以不断优化配送流程和提升服务质量。系统还具备强大的信息处理能力,能够自动记录每一次配送的详细信息,包括配送时间、路径、货物状态等,为企业提供全面的运营数据分析和决策支持。这种数据驱动的管理方式,有助于企业及时发现并解决潜在问题,提升整体运营效率和客户满意度。

2.2.2 安全保障技术

安全保障技术是确保冷链物流过程中货物安全、防止损失和保障品质的关键环节,在冷链物流中,由于货物多为易腐、需要特定温度保存的商品,因此安全保障技术的运用至关重要。冷链物流车辆和集装箱必须具备良好的隔热性能和气密性,以确保在运输过程中货物所处的环境温度稳定且符合保存要求。此外,这些运输工具还需配备先进的温度控制系统,能够实时监测和调节货物所处环境的温度,防止因温度波动而导致的货物损坏。安全保障技术还涉及对货物的稳固与防护措施,在冷链物流运输过程中,货物需要经过专业的包装和固定,以防止在运输途中的震动、颠簸对货物造成损伤。同时,包装材料也需要具备一定的保温和防潮功能,以确保货物在运输过程中的品质稳定。安全保障技术还体现在应急预案的制定与实施上,冷链物流过程中难免会遇到各种突发情况,如交通事故、设备故障等。因此,必须提前制定完善的应急预案,明确在紧急情况下的处理措施和责任分工,以确保货物的安全和完整。

2.3 信息技术

2.3.1 物流跟踪技术

物流跟踪技术通过综合运用现代信息科技,如 GPS 定位、RFID 射频识别、物联网传感器等技术,对冷链物流中的货物进行实时追踪与监控,从而确保货物能够按照既定的时间和条件准确送达。在冷链物流中,物流跟踪技术通过为货物配备电子标签或传感器,实现对货物位置的实时监控。这些设备能够不断发送货物的位置信息,使得物流企业和管理者可以随时了解货物的运输状态和位置,有助于及时调整运输计划和应对突发情况。物流跟踪技术还能提供货物的温度、湿度等环境参数的实时监控数据,这些数据对于确保冷链物流中货物的品质至关重要,因为它们直接影响货物的保存状态。通过持续监控这些参数,可以及时发现并解决潜在问题,如温度波动或湿度异常,从而确保货物在整个冷链物流过程中的品质稳定。传统的物流管理方式往往依赖于人工记录和查询,效率低下且容易出错。而物流跟踪技术通过自动化的数据采集和传输,实现了对货物运输过程的全面、准确记录,为物流企业提供了强大的数据支持,有助于其做出更科学、更合理的决策。同时,物流跟踪技术也显著提升了冷链物流的安全性,通过对货物的实时监控和追踪,可以及时发现并处理运输过程中的异常情况,如货物的丢失、被盗或损坏等。

2.3.2 物联网(IoT)技术

冷链物流信息技术中的物联网(IoT)技术,正逐渐成为推动冷链物流行业创新和效率提升的关键力量,通过连接各种智能设备和传感器,构建了一个庞大的信息网络,实现了对冷链物流全过程的无缝监控与管理。物联网技术为冷链物流提供了智能化的决策支持,通过对历史数据和实时数据的分析,物联网技术能够帮助物流企业预测货物的需求变化、优化运输路线、调整库存策略等。这种基于数据的决策方式,不仅提高了冷链物流的效率和准确性,还降低了运营成本和风险。同时,通过实时监测货物的状态和位置,物联网技术能够及时发现异常情况并发出警报,从而防止货物被盗、损坏或丢失。此外,物联网技术还可以对冷链物流过程中的风险进行评估和预警,帮助物流企业及时应对潜在的安全威胁。

2.4 冷藏设备制造技术

2.4.1 多温层系统

多温层系统旨在满足不同类型货物对温度条件的多样化需求,通过在同一冷藏空间内创建多个温度区域,实现了对货物进行精细化、个性化的温度控制,从而确保各类货物在最佳保存状态下运输和储存。多温层系统的核心技术在于其精确的温控能力和高效的隔热设计,通过采用先进的温度传感器、控制算法以及高效的制冷和加热设备,能够在不同区域内维持稳定的温度范围,并且能够快速响应温度波动,及时调整至设定值。同时,隔热材料的应用也是关键,它能够有效减少不同温度区域之间的热交换,保证每个区域的温度独立性。在冷链物流中,多温层系统的应用具有显著的优势,增强了货物储存和运输的灵活性,允许在同一设备中同时运输需要不同温度条件的货物,如生鲜食品、冷冻产品以及需要控温的医药品等。这不仅降低了物流成本,还提高了运输效率。多温层系统通过为每种货物提供适宜的温度环境,可以延长货物的保质期,减少因温度不适导致的损失,确保货物在到达消费者手中时仍保持良好的品质。

2.4.2 冷冻均温

冷冻均温技术旨在确保冷藏设备内部温度的均匀性,从而维持储存或运输中货物的品质,核心在于通过先进的设计和控制策略,实现设备内部各个区域的温度均衡,防止因温度差异导致的货物损坏或品质下降。冷冻均温技术的实现依赖于冷藏设备的结构设计,必须确保冷气的流通路径合理,使得冷气能够均匀分布到设备的每一个角落,通常涉及风道设计、冷气循环系统的优化等方面。通过高精度的温度传感器和先进的控制系统,实时监测并调节设备内部的温度,确保各个区域的温度都能稳定在设定的范围内。这种精确的温度控制不仅有助于保持货物的品质,还能减少能源消耗。高效的制冷系统能够快速、均匀地降低设备内部的温度,而合适的制冷剂则能确保在不同环境温度下都能实现良好的制冷效果。

2.5　监测与控制技术

2.5.1　自动监控

自动监控技术是现代冷链物流体系中不可或缺的一环,通过集成先进的传感器、数据采集系统、网络通信技术和自动控制策略,实现对冷链物流环境的实时、连续监测与智能控制,从而确保货物的安全与质量。通过布置在冷链物流各个环节的传感器,如温度传感器、湿度传感器等,实时采集环境参数。这些传感器具有高精度和高稳定性,能够确保采集到的数据准确可靠。传感器将采集到的数据传输到数据采集系统中,该系统能够对数据进行预处理、分析和存储。通过网络通信技术,数据采集系统可以将处理后的数据实时传输到中央监控中心或云平台。这样,管理人员可以随时通过远程监控平台查看冷链物流的实时状态,包括温度、湿度等关键参数的变化情况。自动监控技术的核心在于其自动控制策略,一旦监测到环境参数超出预设的安全范围,系统会自动触发报警机制,并通过控制执行机构进行调整,如启动制冷设备、调整通风系统等,以确保环境参数迅速恢复到正常范围,这种自动化的控制方式大大减少了人为干预的需要,提高了冷链物流的效率和安全性。

2.5.2　智能运输

智能运输技术的核心在于对运输过程中的各种信息进行实时采集、传输和处理。通过安装在运输车辆上的各种传感器和 GPS 定位设备,可以实时监控车辆的位置、速度、温度、湿度等关键参数。这些数据不仅有助于物流企业精确掌握货物的运输状态,还能为后续的决策提供支持。通过将传感器、执行器、网络通信技术等元素有机结合,物联网实现了对运输过程中各种设备的智能感知和控制。例如,当温度传感器检测到车厢内温度异常时,系统会自动调整制冷设备的工作状态,确保货物处于适宜的温度环境中。此外,通过对历史运输数据的挖掘和分析,可以预测未来的运输需求,对运输路线和计划进行优化,对提高货物运输效率具有重要作用。同时,基于人工智能的决策支持系统还能帮助物流企业应对突发情况,如交通拥堵、天气变化等,确保货物能够按时、安全地送达目的地。智能运输还具备高度的可追溯性,通过记录运输过程中的各种数据,如车辆行驶轨迹、温度湿度变化等,可以为货物的质量追溯提供有力依据,不仅有助于提升消费者对产品的信任度,还能在出现问题时迅速定位原因,减少纠纷和损失。

模块二 冷链物流运营流程管理——重点

项目一 冷链物流运作流程

任务1 掌握冷链物流运作流程及关键因素

1.1 冷链物流运作流程

1.1.1 冷链物流需求预测

需求预测是指通过科学的方法和技术,对未来一段时间内冷链物流需求进行估算和推测,以便物流企业能够提前做好准备,充分满足市场需求。在冷链物流中,需求预测的准确性直接关系着物流企业的运营效率和客户满意度。准确的需求预测能够帮助企业合理安排运输工具、优化仓储空间、调整人员配置,从而确保货物能够及时、准确地送达客户手中。同时,通过预测不同地区、不同时间段的物流需求,企业可以更好地规划物流路线,减少空驶和等待的时间,降低物流成本。为了增强需求预测的准确性,物流企业通常采用大数据分析、机器学习等先进技术,对历史数据进行深入挖掘和分析,发现隐藏在数据中的规律和趋势。这些技术不仅能够帮助企业更准确地预测未来需求,还能为企业的战略决策提供有力支持,推动冷链物流行业的持续发展。

1.1.2 设施选址

设施选址不仅关系着冷链物流的成本、效率,更直接影响着物流服务的质量和客户的满意度,合理的设施选址能够确保物流运作的顺畅进行,降低运输和仓储成本,提高物流响应速度。在选址过程中,需要综合考虑多个因素,如交通便捷性、地理位置、市场需求、成本因素等。交通便捷性能够保证货物快速流转,减少在途时间;优越的地理位置有利于缩短配送距离和时间,促进物流效率的提升;选址还需紧密结合市场需求,以确保服务能够覆盖到主要客户群体。此外,成本因素也是选址过程中不可忽视的一环,包括土地成本、建设成本、运营成本等。合理的选址能够在保证服务质量的同时,实现成本最优化,从而提升冷链物流的整体竞争力。

1.1.3 冷链物流中心设施及设备管理

冷链物流中心设施及设备管理是确保冷链物流高效、安全运作的关键环节。冷链物流中心作为整个物流流程的核心节点，其设施与设备的完善性、先进性及维护管理水平，直接关系着货物的储存、分拣、配送等环节的效率和货物的品质。冷链物流中心的设施设计需满足货物的快速流转与高效储存，包括合理的空间布局、先进的货架系统以及确保温度控制的冷藏设施等。这些设施的合理规划与配置，能够提升物流中心的作业效率，并确保货物在恒定的温度环境下储存与转运。设备的管理同样重要，如叉车、自动化分拣系统等设备的选择与维护，直接影响物流操作的流畅性和准确性。定期的设备检查、维护与更新，是保障设备性能稳定、延长使用寿命的必要措施。

1.1.4 冷链物流中心运输管理

冷链物流中心运输管理涉及货物的有效调度、运输路径的优化、运输工具的选择与管理以及运输过程中的温度监控等多个方面，对于确保冷链物流的时效性、安全性和品质至关重要。在冷链物流中心，运输管理的首要任务是确保货物能够按照既定的时间表和路线进行高效转运。这要求管理人员进行精细化的调度安排，以最小化运输时间和成本，同时最大化运输效率。此外，根据货物的特性和运输距离，选择合适的运输工具也是关键，如冷藏车、冷藏集装箱等，以确保在运输过程中货物始终处于适宜的温度环境。除了运输工具和路线的规划，温度监控也是冷链物流中心运输管理中不可或缺的一部分。通过在运输工具上安装温度传感器和记录设备，可以实时监控货物在运输过程中的温度变化，并及时调整制冷设备以确保温度稳定。这种对温度的严格控制是冷链物流中保证货物品质和安全性的基础。

1.1.5 冷链物流中心组织管理

一个高效且有序的组织管理体系，对于提升冷链物流中心的运营效率、优化资源配置、减少浪费以及提高服务质量具有至关重要的作用。冷链物流中心组织管理涉及人员配置、岗位职责划分、工作流程设计以及绩效考核等多个方面。在人员配置方面，需要确保各岗位有足够且合适的人力资源，以满足冷链物流中心的日常运营需求。岗位职责的明确划分则能够确保每个员工都清楚自己的工作职责，从而提高员工的工作效率。同时，合理的工作流程设计也是组织管理中的重要一环，通过优化工作流程，可以减少不必要的环节，并确保冷链物流中心的各项任务能够按时完成。此外，绩效考核机制的建立和完善，可以激励员工更好地完成工作，提升整体的工作质量和效率。

1.1.6 客户服务及订单管理

客户服务是冷链物流企业与外界沟通的主要窗口,其质量直接影响客户对企业的印象和忠诚度,客户服务团队需要及时响应客户的咨询、投诉与需求,提供专业、高效的解决方案,以确保客户体验的持续优化。订单管理则是冷链物流运作的起点,涉及订单的接收、处理、跟踪与结算等多个环节。一个高效的订单管理系统能够确保所有订单得到准确、及时的处理,避免因订单错误或延误而导致的物流效率低下和客户不满。同时,通过对订单数据的分析,企业还可以洞察市场需求,为战略决策提供有力支持。

1.1.7 冷链物流中心库存管理

冷链物流中心库存管理涉及货物的入库、存储、出库以及库存水平的控制等多个方面,库存管理要确保货物能够按照规定的温度条件进行安全存储,保持产品的新鲜度和品质。这就要求库存管理人员精准控制仓库内的温度和湿度,防止货物因环境变化而受损。过多的库存会造成资金占用和浪费,而过少的库存则可能导致缺货,影响客户需求的满足。因此,库存管理需运用科学的方法和技术,如采用先进的库存管理系统,进行实时的库存监控和预测,以便及时调整库存策略。出库环节要求快速、准确地完成订单处理,确保货物能够及时送达客户手中。这需要库存管理与订单管理、运输管理等其他环节紧密配合,实现信息的无缝对接。

1.1.8 冷链物流信息管理

冷链物流信息管理涉及物流信息的采集、处理、分析和传递等多个方面。在冷链物流中,信息管理对于提高物流效率、确保货物安全以及优化资源配置具有至关重要的作用。冷链物流信息管理要实时采集货物的状态信息,如温度、湿度、位置等,以确保货物在运输和储存过程中始终处于规定的条件下。这些信息不仅有助于及时发现潜在问题,还能为后续的决策提供数据支持。信息管理还要对采集到的数据进行深入分析和处理,以提取有价值的信息。通过数据挖掘和预测分析等技术手段,企业可以洞察市场需求、优化物流路径、降低运营成本,从而提升竞争力。此外,通过构建高效的信息交流平台,企业可以实现与供应商、客户以及其他合作伙伴之间的无缝对接,提高协同效率,共同应对市场变化。

1.1.9 冷链物流成本控制

冷链物流由于其特殊性,要求整个运作流程中保持恒定的低温环境,无疑增加了其运作成本。因此,如何有效控制成本,同时确保物流服务的质量和效率,成为冷链物流企业面临的重要挑战。冷链物流成本控制涉及多个方面,包括运输成本、仓储成本、管理成本等。在运输环节,通过优化运输路线、选择合适的运输方式、提高车辆装载率等措施,可以有效降低运输成本。在仓储环节,合理的库存管理和仓储设施利用可以减少库存积压和浪费,进而降低仓储成本。此外,提高管理效率、引入先进的信息化技术、培养员工成本意识等也是控制冷链物流成本的重要手段。

1.1.10　冷链物流质量控制

冷链物流质量控制是冷链物流运作流程中的核心要素,关乎产品的安全性、品质以及消费者的健康。在冷链物流中,质量控制不仅涉及货物的物理状态,更重要的是确保在整个供应链中温度的稳定性和环境的卫生状况。冷链物流质量控制要确保货物在运、储存和销售过程中始终处于规定的低温环境,以防止微生物的生长和化学反应的发生,从而保持产品的新鲜度和营养价值。为此,需要采用先进的制冷技术和设备,以及精确的温度监测系统。此外,质量控制还包括对货物包装的严格要求,使用符合卫生标准的包装材料,以减少货物与外界的接触,降低污染风险。同时,定期的设备检查、清洁和维修也是保持冷链物流质量的重要环节。

1.2　冷链物流运作的关键因素

1.2.1　递阶层次结构的建立

冷链物流运作的关键因素之一,是建立递阶层次结构,对于系统地分析和优化冷链物流运作流程至关重要。递阶层次结构,即将复杂问题分解为若干个层次和元素,以便更有效地进行评估和决策。在冷链物流的语境下,递阶层次结构的建立涉及对整体运作流程的深刻理解,包括识别冷链物流中的各个环节,如采购、运输、仓储、配送等,并理解它们之间的相互关系和影响。通过这种分析,可以构建一个多层次的框架,每一层都包含不同的决策因素或指标。具体来说,最高层通常代表冷链物流的整体目标,如提高效率、降低成本或提升服务质量。中间层则可能包括各种策略和措施,如优化运输路线、改进仓储管理等,这些策略和措施是实现整体目标的关键手段。最底层则涉及具体的操作细节,如车辆调度、温度控制等。通过建立这样的递阶层次结构,可以系统地评估不同策略和措施对整体目标的影响,从而做出更明智的决策。此外,这种结构还有助于识别和解决冷链物流中的瓶颈问题,进一步优化整个运作流程。

1.2.2　权重的计算

冷链物流运作的关键因素中,权重的计算是一个极为重要且复杂的步骤。

权重代表了不同因素或指标在整体评价中的相对重要性,其计算的准确性和合理性直接关系着冷链物流运作的决策质量和效率。

1.2.2.1 权重计算的重要性

在冷链物流运作体系中,存在着诸多影响因素,其中运输时间、成本和货物品质保持显得尤为关键。每一个因素都对整体运作效率和服务质量产生着深远的影响,但它们的影响程度却各不相同。例如,运输时间的缩短可能意味着更高的客户满意度和更快的货物周转率,而成本的优化则直接关系着企业的盈利能力和市场竞争力。同时,货物品质的保持更是冷链物流的核心,它决定了消费者是否愿意持续选择并信任该服务。因此,通过科学的权重计算显得尤为重要。这种计算不仅能揭示哪些因素在冷链物流中占据主导地位,更能帮助企业在资源分配和决策制定时做出明智的选择。给予重要因素更多的关注和资源投入,可以确保冷链物流体系更加高效、稳定地运行,从而为客户提供更优质的服务体验。

1.2.2.2 权重计算的方法

第一,主观赋值法,依赖于专家的经验和判断,专家根据自身的知识和实践,对每个因素进行重要性评估,并赋予相应的权重。这种方法的优点是简单易行,但可能受到专家主观性的影响。

第二,客观赋值法,通过收集和分析实际数据,根据各因素之间的内在联系和影响力大小来确定权重。例如,可以利用统计分析方法,如主成分分析、因子分析等,从数据中提取关键信息并计算权重。这种方法更为客观,但需要足够的数据支持。

1.2.2.3 权重计算的应用

在冷链物流运作中,权重的计算具有广泛的应用价值,渗透于决策过程的多个环节。以评估不同的运输方案为例,当企业面临多种运输选择时,如何挑选出最合适的方案就显得尤为关键。此时,通过赋予运输时间、成本、安全性等因素以不同的权重,企业能够进行全面的综合评价。比如,若时效性是企业首要考虑的因素,那么运输时间的权重就会相应增大,从而在最终的评价中占据更重要的地位。通过这种方式,企业可以更加科学、客观地选出最优运输方案。同样,当涉及冷链物流中心的选址问题时,权重的计算也发挥着不可或缺的作用。企业不仅需要考虑地理位置的优越性,还要权衡交通便利性、市场需求等多方面因素。通过为每个因素分配合理的权重,企业能够更准确地评估不同选址方案的优劣,从而做出更为明智的决策。这种基于权重的决策分析方法,不仅增强了决策的精确性和有效性,还为企业冷链物流的长期稳健发展奠定了坚实基础。

1.2.3　增值服务方向

冷藏加工环节的增值服务能够显著提升冷链物流的运作效率,例如,通过引入个性化的温控服务,企业可以根据不同产品的特性进行精准的温度控制。这种定制化的服务不仅满足了客户的多样化需求,更在实质上优化了冷链物流的运作流程。因为精准的温度控制减少了产品在运输和储存过程中的损耗,从而降低了因产品损坏而产生的额外成本和时间延误。增值服务如加工过程中的品质保障,进一步强化了冷链物流的质量管理能力,在冷藏加工环节引入真空预冷、气调保鲜等技术,可以有效延长产品的保质期和提升产品品质。这不仅增强了消费者对产品的信心,也为企业赢得了更好的市场声誉。从长远来看,这种品质保障服务有助于冷链物流建立起稳定、高品质的服务形象,进而吸引更多的高端客户和市场份额。通过物联网、大数据等现代信息技术,冷藏加工环节可以实现实时监控和数据分析,不仅帮助企业实时了解产品的状态和位置,更能为后续的生产、销售决策提供有力的数据支持。这种信息化服务不仅提高了冷链物流的运作效率,也大幅提升了其风险应对能力。环保与可持续性服务的融入,使得冷链物流在追求经济效益的同时,也兼顾了社会责任和环境保护,采用更环保的制冷技术、优化能源利用等增值服务,不仅降低了冷链物流对环境的影响,也为企业赢得了更多的社会认同和政府支持。这种服务方向的转变,标志着冷链物流行业正逐渐从传统的以经济利益为核心,向更加综合、可持续的发展模式转变。

任务 2　冷链物流的流程管理

2.1　冷链物流的采购与供应商管理

2.1.1　实施科学的采购策略

在冷链物流中,采购不仅涉及物料和设备的选择,更关乎整个供应链的稳定性和效率。科学的采购策略能够以系统化的方法指导企业的采购行为,从而优化成本、质量、交货期等关键指标。企业要对市场进行深入分析,了解物料和设备的供需状况、价格波动趋势以及供应商的竞争态势。这种市场分析为采购决策提供了数据支持,有助于企业在合适的时间点进行采购,避免市场波动带来的成本风险。通过建立长期、稳定的合作关系,企业可以确保物料和设备的稳定供应,减少因供应链中断而导致的生产延误。同时,与供应商的深度合作还有助于企业在产品开发、质量改进等方面获得更多支持。通过建立完善的采购流程和审批机制,企业可以确保采购活动的公正性、合法性和合规性,从而维护企业的声誉和利益。

2.1.2 选择优质供应商

在冷链物流领域,供应商的选择不仅直接关系采购物料和设备的质量、成本和交货期,更深远的影响在于它对整个供应链稳定性和效率的决定性作用。冷链物流对温度控制有严格要求,因此,所采购的物料和设备必须能够在极端温度条件下保持稳定性和可靠性。优质供应商通常具备完善的质量管理体系和先进的生产工艺,能够确保所提供的产品符合甚至超越行业标准,从而满足冷链物流的特殊需求。选择优质供应商有助于降低采购成本,这里的成本不仅仅是物料和设备的购买价格,还包括使用过程中可能产生的维护、修理和更换等费用。优质供应商往往能够提供性价比高的产品,同时在售后服务方面给予及时有效支持,从而减少因设备故障或质量问题带来的额外成本。优质供应商能够提供更可靠的交货期保障。在冷链物流中,时间的把控至关重要,任何延误都可能导致整个供应链的堵塞或中断。优质供应商通常拥有高效的生产流程和物流体系,能够确保按时交付,从而维护供应链的稳定运行。此外,与优质供应商建立长期合作关系,还可以促进双方在技术创新、产品开发等方面的深度合作,这种协同创新不仅能够提升冷链物流的运营效率,还有助于企业在激烈的市场竞争中保持领先地位。

2.2 冷链物流的仓储管理

2.2.1 仓库的选址与布局

2.2.1.1 仓库的选址

仓库的选址直接影响物流效率、成本控制以及客户满意度等多个方面。在冷链物流中,由于产品对温度的敏感性,仓库的位置选择显得尤为关键。仓库的选址要考虑交通的便捷性,冷链物流要求快速、准确地送达货物,因此,选址应靠近主要的交通干线,如高速公路、铁路或港口,以便快速连接供应商和客户,减少运输时间和成本。良好的交通位置可以确保货物及时到达,维持产品的新鲜度和质量。冷链物流涉及的产品往往需要特定的温度控制,因此,选择气候稳定的地区有助于减少温控设备的能耗和维护成本。避免高温、高湿或极端气候地区可以降低货物在存储过程中受损的风险。仓库应尽可能靠近主要市场或消费者集中区域,这样可以缩短配送距离,提高响应速度,从而更好地满足客户需求。同时,了解当地市场的消费习惯和需求特点,有助于企业优化库存管理和配送计划。此外,选址时还需考虑供应链的整体布局。仓库应作为供应链中的一个重要节点,与其他环节如采购、生产、配送等紧密协调。

合理的选址能够优化整个供应链的运作效率,减少不必要的转运和等待时间。

2.2.1.2　仓库的布局

仓库的布局对于提高冷链物流效率、确保产品质量以及降低运营成本具有至关重要的作用。合理的仓库布局能够最大限度地利用空间,减少物料搬运距离,提高工作效率,并确保产品在恒定的温度环境下储存。仓库布局要充分考虑冷链物流的特殊性,由于冷链物流涉及的产品需要严格的温度控制,因此,布局时必须确保冷库或温控区域的合理设置。这包括确定适当的温控区域大小、位置以及与其他区域的隔离措施,以防止温度波动对产品造成损害。布局应优化物料流动路径,在冷链物流中,快速的货物周转是至关重要的。因此,仓库布局需要设计合理的货物进出口、存储区、分拣区和发货区等,以最小化货物在仓库内的搬运距离和时间。这不仅可以提高工作效率,还能减少产品在搬运过程中的温度变化和损坏风险。此外,仓库布局还需考虑人员的操作便捷性和安全性,冷链物流仓库通常涉及重型设备和复杂的工作环境,因此,布局时必须确保人员操作的空间和安全通道的设置。合理的工作站布局、设备摆放以及安全标志的设置都是确保人员安全和提高工作效率的关键因素。

2.2.2　货物的入库、存储与出库流程

冷链物流的仓储管理中,货物的入库、存储与出库流程是核心环节,对于确保冷链物流的高效运作和产品质量至关重要,入库流程是冷链物流仓储管理的起始点。在货物到达仓库前,进行严格的验收是必不可少的。这一环节涉及对货物的外观、温度、湿度以及保质期的细致检查,确保其符合入库标准。只有当货物通过这些检查并被认为是合格的,才能被准许进入仓库。此后,根据货物的类型、保质期等因素,对其进行分类并安排至适当的存储位置。这一步骤的精准执行,为后续存储和出库操作提供了基础。存储流程中,关键是要维持恒定的温度和湿度条件,以防货物受损。冷链物流仓库通常配备有先进的温控设备和湿度调节系统,以确保货物在存储期间保持最佳状态。此外,货物的摆放也需遵循一定的规则,如重物在下、轻物在上,以及确保货物之间有足够的间隔,便于空气流通和温度控制。同时,定期的库存盘点和货物检查也是必不可少的,它们有助于及时发现并解决潜在问题,如货物过期、损坏等。出库流程则涉及根据客户需求,从仓库中准确、高效地选取并发出货物。在出库过程中,温度控制同样至关重要,以避免货物在出库过程中受热或过冷。出库前,必须对货物进行再次检查,确保其质量符合发出标准。随后,根据订单详情,精准选取货物并进行妥善包装,以防止在运输过程中受损。出库操作的准确性和高效性,直接影响客户满意度和企业的运营效率。

2.3 冷链物流的配送管理

2.3.1 配送路线的规划与优化

2.3.1.1 配送路线的规划

在规划配送路线时,要对客户需求进行深入分析,了解每个客户的具体需求,包括货物种类、数量、配送时间等,是制定有效配送策略的基础。这种需求分析有助于确定配送的频率、批量大小以及服务级别,从而确保客户满意度。配送路线的选择应避开交通拥堵地区,减少因交通延误而导致的配送时间增加和成本上升。此外,还需要考虑路线的可达性和安全性,确保配送车辆能够顺利、安全地到达目的地。不同的客户可能有不同的配送时间要求,因此,在进行配送路线规划时,需要充分考虑这些因素,确保在客户要求的时间内完成配送任务。这可能需要通过调整配送顺序、优化装载计划或使用多种运输方式来满足客户的时间窗口要求。货物特性对配送路线规划有重要影响,冷链物流中的货物往往对温度、湿度等环境条件有严格要求。因此,在选择配送路线时,需要考虑货物的稳定性和保质期,确保在整个配送过程中货物能够保持最佳状态。这可能需要选择具备温控设备的运输工具,并合理安排配送路线,以减少货物在途中的时间和温度变化。企业需要在满足客户需求的同时,尽可能降低配送成本。这包括运输成本、时间成本、人力成本等。通过优化配送路线,可以减少运输距离和时间,从而降低运输成本;同时,合理的配送计划还可以提高车辆和人员的使用效率,进一步降低成本。

2.3.1.2 配送路线的优化

配送路线的优化实质上是在寻求一种最为经济、高效且可靠的路径,以确保冷链产品能够迅速、安全地从起点运送至终点。这一优化过程要建立在对现有交通网络深入理解的基础之上,交通网络的复杂性、动态性以及不确定性,都为配送路线的选择带来了挑战。因此,利用先进的地理信息系统(GIS)和大数据分析技术,对交通流量、路况、天气等因素进行实时监控和预测,成为优化配送路线的重要手段。在冷链物流体系中,配送路线的优化还需特别考虑温度控制的需求。冷链产品对温度的敏感性要求配送过程中不能有太长的中断时间,因此,优化路线时,应尽量减少转运点和停留时间,保证产品在整个配送过程中的温度稳定。此外,配送路线的优化还要与库存管理和订单处理紧密配合,通过精准预测需求,合理安排库存,可以减少因缺货或过剩而造成的配送延误。同时,高效的订单处理系统能够确保配送指令的准确性和及时性,为配送路线的动态调整提供有力支持。

2.3.2　配送车辆的选择与调度

配送车辆的选择需根据货物的性质、运输距离以及客户需求来确定,冷链物流中的货物往往需要特定的温度控制,因此,选择具备良好温控设备的车辆是首要条件。同时,考虑到货物的体积和重量,选择适当载重和容积的车辆也是关键。例如,对于大批量、长距离的运输,可能需要选择大型冷藏车以提高运输效率;而对于小批量、多频次的配送,则可选择小型或中型冷藏车,以更好地适应城市道路的交通状况和配送需求。合理的车辆调度能够确保货物的及时送达,同时减少空驶和等待时间,从而降低货物的运输成本。在调度过程中,需要进行综合考虑,深入分析多个因素,如货物的配送顺序、客户的分布情况、交通状况以及车辆的运载能力等。通过优化配送路线和合理安排车辆出发时间,可以最大限度地提高车辆的利用率和运输效率。此外,随着信息技术的发展,智能化调度系统逐渐成为冷链物流的新趋势。这些系统能够实时收集并分析交通、天气、车辆状态等信息,为调度人员提供更加精准的决策支持。通过智能化调度,可以更加灵活地应对突发情况,如交通拥堵、恶劣天气等,从而确保配送的准时性和可靠性。除了上述因素,环保和节能也是当前冷链物流车辆选择与调度中不可忽视的考虑因素。选择符合环保标准的车辆,如使用新能源或低排放技术的冷藏车,不仅有助于减少环境污染,还能提升企业形象和市场竞争力。

2.3.3　配送过程中的温度控制与监测

冷链物流的配送管理中,配送过程中的温度控制与监测是确保产品质量和安全的关键环节,温度控制要选定适宜的温度范围,通常取决于货物的性质和保存要求。例如,某些生鲜食品可能需要维持在特定的低温环境,以确保其新鲜度和食用安全。为此,配送车辆和容器必须装备有高效的制冷系统,能够在整个配送过程中提供稳定的温度环境。除了制冷系统,温度监测也是不可或缺的一部分。现代冷链物流通常采用先进的温度传感器和记录设备,这些设备能够实时监测和记录货物所处环境的温度。一旦温度超出预设的安全范围,系统会立即发出警报,以便工作人员及时采取补救措施。这种实时监测机制大大提高了温度控制的精确性和响应速度。此外,温度数据的记录和分析对于持续改进冷链物流也至关重要。通过对历史温度数据的分析,企业可以识别温度波动的模式和原因,进而优化配送过程中的温度控制策略。这种数据分析还有助于预测潜在的风险点,并提前制定应对措施。

项目二 冷链物流的技术要求与标准

任务1 冷链物流运作的技术要求

1.1 冷链物流仓储管理技术要求

1.1.1 货物入库技术要求

1.1.1.1 货物的分类与编码

货物的分类是指根据货物的性质、特点、保存要求等因素,将货物划分为不同的类别,以便仓库管理人员进行针对性存储和管理。而编码则是对每一类别的货物进行唯一标识,通过数字、字母或其组合来代表特定的货物信息。在冷链物流仓储管理中,货物的分类尤为关键,因为不同类型的货物可能需要不同的存储环境和温度控制。例如,生鲜食品、冷冻肉类和海鲜等需要低温保存,而干货、调料等则可以在常温下存储。通过合理的分类,可以确保每种货物都被放置在最适合其保存的环境中,从而保持货物的品质和延长保质期。编码的准确性和规范性对于仓储管理至关重要,一个科学合理的编码系统不仅能够快速识别货物,还能提高库存管理的效率和准确性。通过编码,管理人员可以迅速定位到特定货物的存放位置、数量、生产日期等信息,这对于及时的库存盘点、货物调度以及出库操作都至关重要。此外,货物的分类与编码还与企业的信息化管理系统紧密相连,在现代冷链物流中,通过条形码、RFID(无线频率识别)等技术手段,可以实现货物信息的自动化采集和管理。这些技术的有效应用,都依赖于一个科学、规范、统一的货物分类与编码体系。

1.1.1.2 入库记录的管理

入库记录要确保完整性,意味着每一次入库操作的所有相关信息都应被详尽记录,这些信息包括但不限于货物的名称、规格、数量、生产日期、入库时间以及存储位置等。完整性的记录有助于企业全面掌握库存状况,为后续的库存管理、货物调度和出库操作提供准确的数据支持。任何错误或遗漏都可能导致库存管理的混乱,进而影响整个冷链物流的效率。因此,管理人员在进行入库记录时,必须严谨细致,确保每一项数据都真实可靠。同时,应定期对入库记录进行复核和校验,及时发现并纠正可能存在的错误。入库记录还应具备可追溯性,意味着每一条入库记录都应能追溯其来源和去向,以便于在出现问题时能够迅速定位原因并采取相应的措施。可追溯性不仅有助于提升企业的风险管理能力,还能提高消费者对产品的信任度。此外,随着信息技术的不断发展,入库记录的管理也应逐步实现电子化。电子化的入库记录不仅便于存储和查询,还能实现数据的实时更新和共享。这大大提高了入库记录的管理效率,也为企业的决策提供更为及时和准确的数据支持。

1.1.2　货物存储技术要求

1.1.2.1　货物摆放与空间利用

货物摆放与空间利用的技术要求不仅关乎仓储效率,更直接影响冷链物流的成本控制与运作效果,合理的货物摆放能够确保货物在存储过程中的稳定性和安全性,同时优化的空间利用则能提升仓库的存储能力,减少资源浪费。货物的摆放要遵循一定的原则和方法,根据货物的特性、尺寸、重量以及存取频率等因素,进行科学合理的布局。重物应置于底层以稳固基础,而轻物则可放在上层以减轻结构负荷。此外,货物的摆放还需考虑到通风和防火的需求,避免过度堆积导致通风不畅或安全隐患。空间利用的优化是冷链物流仓储中的另一项关键技术,通过合理的货物摆放和科学的仓储设计,可以最大化地利用仓库空间。这包括合理规划货架的高度、宽度和间距,以及选择适当的存储设备和工具。高效的空间利用不仅可以降低仓储成本,还能提高存取效率,从而提升整个冷链物流系统的运作效能。

1.1.2.2　防火与安全管理

在冷链物流仓储管理中,防火与安全管理技术要求涉及多个方面,包括仓库的建筑设计、消防设备的配置、安全管理制度的制定以及员工的消防安全培训等。从建筑设计角度来看,冷链物流仓库必须符合国家相关的建筑设计防火规范。仓库的围护结构、顶棚和隔墙等构件应采用防火性能良好的材料,如混凝土或砖石,并进行良好的密封处理,以防止火灾的扩散。此外,仓库内应通过房门、防火门、防火卷帘等建筑构件,建立有效的隔墙和隔烟措施,以进一步控制火势的蔓延。在消防设备方面,冷链物流仓库应配备足够的排烟设备和灭火设备。例如,可以安装自动喷淋系统和手持式灭火器,以应对可能发生的火灾。同时,这些设备需要保持设施完好、灵活、便捷、高效,以确保在紧急情况下能够迅速投入使用。仓库应制定严格的消防安全管理制度,包括定期的消防检查、火灾隐患的排查与整改以及消防设施的维护和保养等。这些制度的执行可以有效地预防火灾事故的发生,并确保在火灾发生时能够迅速有效地应对。

1.1.3　货物出库技术要求

1.1.3.1　准确性要求

在冷链物流仓储管理中,货物出库的准确性要求的内涵远超过简单的无误差操作,涉及整个出库流程的精细化管理和多重验证机制,要对出库货物信息进行严格核对,包括货物的名称、规格、数量等关键信息,这些信息必须与出库单以及库存管理系统中的记录完全一致。任何细微的差错都可能导致物流链的断裂或客户满意度的下降。冷链物流中,货物的品质至关重要,特别是在食品、药品等行业。因此,出库前必须对货物进行严格的质量检查,确保其符合预设的质量标准,无任何损坏或变质现象。从系统管理的角度来看,准确性要求仓库管理系统(WMS)能够实时、准确地反映库存状态。这意味着每一次出库操作都必须及时、准确地录入系统,以确保库存数据的实时更新和准确性。这不仅有助于避免出库错误,还能为企业的决策提供有力支持。通过不断分析出库过程中的瓶颈和问题,企业可以进一步完善出库流程,提高操作的准确性和效率。例如,引入先进的识别技术(如 RFID、条形码等)可以大大减少人为错误,增强出库的准确性。

1.1.3.2　及时性要求

货物出库的及时性要求是确保冷链物流仓储管理物流效率、满足客户需求以及维护供应链稳定的关键因素,及时性不仅指快速完成出库操作,更包括在规定的时间内准确地将货物送达指定地点。在接到出库指令后,仓库要迅速做出反应,开始出库流程。这要求仓库管理系统能够快速处理和分发任务,确保操作人员及时获取出库信息并开始行动。为了满足及时性要求,冷链物流仓储必须优化出库操作流程。这包括减少不必要的环节,提高自动化水平,以及确保操作人员具备高效的工作技能。例如,通过引入先进的仓储管理系统,可以实时追踪货物状态,自动化分配任务,从而缩短出库前的准备时间。及时性还要求货物在出库后能够迅速、准确地送达目的地。这涉及与物流合作伙伴的紧密协作,以及高效的配送路线规划。通过采用先进的物流管理系统,可以实时监控货物运输状态,及时调整配送计划,以确保货物按时送达。

1.1.3.3　先进先出原则

货物出库的先进先出原则是冷链物流仓储管理的一项重要管理策略,指的是在库存管理中优先出库那些先入库的货物,这一原则的应用对于确保货物的质量、减少过期风险以及优化库存管理具有重要意义。从质量管理的角度来看,冷链物流中的货物,尤其是食品、药品等易变质商品,其质量随着时间的推移而逐渐变化。因此,按照先进先出的原则进行出库,可以确保先入库的货物在其质量最佳的状态下被销售或使用,从而最大限度地保持货物的品质和口感。此外,先进先出原则还有助于减少过期风险。对于具有保质期限的货物而言,如果长时间存储在仓库中,将面临过期的风险。通过实施先进先出策略,可以确保早入库的货物及时出库,从而降低因货物过期而造成的损失。通过不断将先入库的货物出库,可以避免库存积压和货物滞留,使库存保持动态平衡。这不仅有助于提高仓库空间的利用效率,还能减少库存成本,提升企业的经济效益。

1.2 冷链物流包装与标识技术要求

1.2.1 冷链物流包装材料选择

包装材料选择不仅关系着货物的保护和保存,还直接影响物流效率和成本控制。在选择冷链物流包装材料时,需综合考虑多个因素,以确保包装的有效性、经济性和环保性。冷链物流的核心目标是保持货物在运输和储存过程中的温度稳定。因此,所选材料应具有良好的隔热性能,能够有效减少外界温度对货物的影响。常见的保温材料如聚苯乙烯泡沫(EPS)、聚氨酯泡沫(PU)等,这些材料具有低导热系数,能够有效维持货物所需的低温环境。冷链物流中的货物往往对水分十分敏感,因此包装材料需要具备优异的防水性能,以防止水分渗透对货物造成损害。聚乙烯、聚丙烯等塑料薄膜因其较高的防水性能而被广泛应用。由于冷链物流过程中货物可能会受到挤压,所选材料应具备一定的抗压强度和刚性,以保护货物免受外力损伤。纸板、塑料空心板等材料因其良好的耐压性能而常被选用。此外,环保性能也是现代冷链物流包装材料选择的重要考量,随着环保意识的增强,可降解、可回收的材料越来越受到青睐,这些材料不仅减少了对环境的污染,还符合可持续发展的理念。

1.2.2 冷链物流包装结构设计

在冷链物流中,包装结构设计需考虑到包装的保温性能,合理的结构设计能够使包装材料更有效地发挥保温作用,减少冷热空气的对流,从而维持货物所需的稳定低温环境。例如,采用双层或多层结构设计,通过空气层或真空层的设置,可以增强包装的隔热效果。包装结构设计还需注重货物的稳定性和防护性,冷链物流中的货物在运输过程中可能会遇到振动、冲击等外力作用,因此,包装结构应具备足够的强度和稳定性,以防止货物受损。这通常通过增加支撑结构、使用缓冲材料以及设计合理的货物固定方式来实现。防水和防潮性能也是包装结构设计时需要重点考虑的因素,特别是对于易受潮的货物,如食品、药品等,包装结构应能够有效阻止外界水分的渗入,保持货物内部的干燥。这可以通过选用防水材料、设计合理的排水结构和增加干燥剂等方式来实现。此外,包装结构设计还需考虑到便于搬运和堆码的需求,合理的结构设计能够减少搬运过程中的难度和风险,提升物流效率。例如,设计符合人体工学的手柄、增加防滑结构以及确保堆码稳定性的底部支撑等。

1.2.3 冷链物流标识与追溯技术

冷链物流标识与追溯技术不仅关乎物流操作的精准性和高效性,更对保障食品安全、药品质量等方面具有重大意义。在冷链物流中,标识技术是实现货物追踪和信息化管理的基础,通过为货物赋予独特的标识,如条形码、二维码、RFID 标签等,可以确保每一件货物都能被准确识别和记录。这些标识信息包含了货物的名称、生产日期、批次号等关键数据,为后续的追溯和管理提供了可靠依据。追溯技术则是基于标识信息,对货物从生产到消费的每一个环节进行追踪和回溯。在冷链物流中,这种技术尤为重要,因为它能够帮助企业迅速定位问题源头,及时采取措施,减少损失。同时,对于消费者而言,追溯技术也提供了查询产品信息和真伪的途径,增强了消费信心。

任务 2 冷冻食品 3T 的概念及计算方法

2.1 冷冻食品 3T 的概念

冷冻食品 3T 的概念指的是 Time(时间)、Temperature(温度)和 Tolerance(耐藏性),这三个要素共同决定了冷冻食品的质量和保存期限,见图 2-1。在实际操作中,应综合考虑这三个要素,制订合理的储运计划和管理策略,以确保冷冻食品的质量和安全。

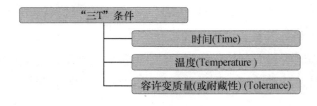

图 2-1 "三 T"条件

2.1.1 Time(时间)

时间是影响冷冻食品质量的重要因素。在冷冻食品的储运过程中,随着时间的延长,食品的质量会逐渐下降。这种质量下降是累积的且不可逆的,因此,缩短冷冻食品的储运时间对于保持其质量至关重要。在进行实际操作时,应尽量减少冷冻食品在各个环节的停留时间,以确保食品的新鲜度和安全性。

2.1.2 Temperature(温度)

温度是影响冷冻食品质量的另一个关键医素。在一定的温度下,冷冻食品的质量稳定性会随着温度的降低而提高。因此,保持适宜的低温环境对于延长冷冻食品的保存期限和保持其质量具有重要意义。同时,温度波动也是导致冷冻食品质量下降的主要原因之一。为了避免温度波动对食品质量的影响,应确保储运过程中的温度稳定,并尽量减少温度波动的可能性。具体来说,不同类型的冷冻食品需要不同的储存温度。例如,一些高端食品如巧克力、海鲜等可能需要更低的储存温度(如-5℃至-15℃),而生物制品和恒定稳定保温食品则可能需要较高的储存温度(如0℃至10℃或0℃至20℃)。因此,在实际操作过程中,应根据冷冻食品的类型和储存要求来设定适宜的温度。

2.1.3 Tolerance(耐藏性)

耐藏性是指冷冻食品在储运过程中保持其原有品质的能力。不同种类的冷冻食品具有不同的耐藏性,这取决于食品的成分、加工方式以及包装等多个因素。耐藏性高的食品在相同的储运条件下能够保持更长的时间和更好的质量。因此,在选择冷冻食品时,应考虑其耐藏性因素,以便更好地预测其保存期限和制订合理的储运计划。

2.2 T-T-T 计算方法

2.2.1 T-T-T 计算方法概念

T-T-T 计算方法是一个用于评估冷冻食品在流通环节中品质变化的重要工具。该方法的核心在于对时间(Time)、温度(Temperature)和品质容许限度(Tolerance)的综合考量。这一方法基于冷冻食品在储运过程中品质变化的累积性和不可逆性,通过详细记录食品在各个流通环节所经历的温度和时间,进而利用这些数据来量化食品的品质降低量。T-T-T 计算方法强调温度在冷冻食品品质稳定性中的关键作用,实验数据显示,大多数冷冻食品的品质稳定性随着温度的降低而呈指数级增长。例如,在-10℃至-30℃的实用冷藏温度范围内,食品品质的变化趋势可以通过 T-T-T 曲线进行直观表达,该曲线在这一温度区间内大致呈倾斜的直线形状。该方法还突出了时间因素对冷冻食品品质的影响,随着时间的不断延长,即使在恒定的低温环境下,食品的品质也会逐渐下降。T-T-T 计算方法通过记录食品在各个温度阶段所经历的时间,能够精确地计算出品质降低的累积量。此外,T-T-T 计算方法还揭示了冷冻食品品质变化的累积性和不可逆性,意味着在储运过程中的每一次温度波动和时间延长都会导致食品品质的进一步下降,而且这种下降是无法恢复的。

2.2.2　计算方法

2.2.2.1　数据记录

在 T-T-T 计算方法中,数据记录是至关重要的一环,涉及对冷冻食品在流通过程中所经历的温度和时间进行详尽而准确的记录,这一步骤的精确性直接关系到后续品质降低量计算的准确性。数据记录需遵循严格的时间轴,从冷冻食品离开生产线的那一刻起,就开始持续跟踪。这包括食品在贮藏、配送、运输和销售等各个环节中所经历的时间。时间的记录要精确到分钟甚至秒,以确保后续计算的精确性。冷冻食品的品质稳定性与温度密切相关,因此必须精确记录食品在各个阶段所经历的温度。这需要使用高精度的温度检测设备,并定期进行校准,以确保数据的准确性。温度数据的记录也应该是连续的,以便能够捕捉到任何可能的温度波动。在数据记录过程中,还需要注意一些关键细节,例如,当冷冻食品从一个环节转移到另一个环节时,应详细记录转移过程中的温度和时间变化。此外,如果发生任何异常情况,如设备故障或温度波动,也应立即记录并分析其对食品品质的可能影响。

2.2.2.2　T-T-T 曲线

在 T-T-T 计算方法中,T-T-T 曲线扮演着核心角色,直观地展示了冷冻食品品质稳定性与温度、时间之间的关系。该曲线是通过大量实验数据绘制而成,其形状和走势为评估冷冻食品的品质变化提供了重要依据,见图 2-2。

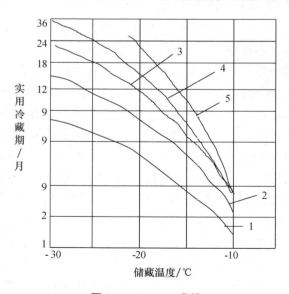

图 2-2　T-T-T 曲线

　　T-T-T曲线的走势通常呈指数关系,表明冷冻食品的品质稳定性随着温度的降低而显著提高。这一特点在-10 ℃至-30 ℃的实用冷藏温度范围内尤为明显,曲线大致呈倾斜的直线形状。这种走势反映了温度对冷冻食品品质的深远影响,温度越低,食品品质的保持时间越长。T-T-T曲线上的每一个点都代表着在特定温度下,冷冻食品品质开始发生变化的时间点。这些点是通过感官鉴定和理化方法测定得出的,具有高度的准确性和可靠性。通过这些点,可以清晰地看到在不同温度下,冷冻食品品质保持的时间差异。此外,T-T-T曲线还揭示了冷冻食品品质变化的累积性和不可逆性,曲线上每一段的斜率都反映了品质降低的速率,斜率越大,品质降低的速率越快。而且,一旦品质开始降低,这种变化是不可逆的,即无法通过简单的方式恢复到原始品质。

　　通过对曲线的深入分析和解读,可以更加准确地预测和控制冷冻食品的品质变化,为食品的生产、储运和销售提供有力支持。同时,T-T-T曲线也提供了一种科学的评估手段,有助于提升冷冻食品行业的整体品质和安全水平。在实际应用中,可以根据T-T-T曲线来优化冷冻食品的储运条件,延长食品的保质期,也可以通过对比实际储运过程中的温度和时间数据与T-T-T曲线,及时发现并处理可能存在的品质问题。

2.2.2.3　品质降低量计算

　　在冷冻食品行业中,T-T-T计算方法是一种重要的品质管理工具,其核心在于评估冷冻食品在储运过程中品质的变化情况。品质降低量计算作为T-T-T计算方法的关键环节,旨在量化食品在流通过程中品质的降低程度,从而为生产商、销售商和消费者提供决策依据。品质降低量计算基于冷冻食品在储运过程中所经历的温度和时间数据,这些数据通过详细记录和分析,能够反映出食品品质的变化趋势。具体来说,品质降低量的计算依赖于T-T-T曲线,该曲线根据大量实验数据绘制,展示了冷冻食品在不同温度下品质保持的时间。

　　在计算品质降低量时,先将冷冻食品在流通过程中所经历的温度和时间与T-T-T曲线进行对比。通过这一对比,可以确定食品在各个阶段品质开始降低的时间点。随后,根据这些时间点和温度数据,结合T-T-T曲线的走势,可以计算出在各个阶段食品的品质降低量。值得注意的是,品质降低量的计算是一个累积的过程,意味着食品在流通过程中的每一个环节,无论温度如何波动、时间如何延长,都会导致品质降低量的累积增加。这种累积性使得品质降低量的计算具有更高的精确性和实用性。此外,品质降低量的计算还揭示了冷冻食品品质变化的不可逆性,一旦食品品质开始降低,这种变化是无法通过简单手段恢复的。因此,品质降低量的计算不仅有助于及时了解食品品质的变化情况,还能为人们提供预警,防止食品品质进一步恶化。在实际应用中,品质降低量的计算对于冷冻食品的生产、储运和销售具有重要意义。生产商可以根据品质降低量的计算结果优化产品的生产和包装流程,以延长产品的保质期;销售商则可以根据这些数据调整储运条件,确保食品在最佳状态下到达消费者手中;消费者也可以依据品质降低量的信息做出更加明智的购买选择。

模块三　原材料获取

项目一　果蔬类采收

任务1　采收成熟度确认

1.1　生长期

1.1.1　生长期的定义

生长期指的是从播种或移栽到果蔬成熟所经历的总时间,对于特定的果蔬品种,其生长期在理想条件下是相对稳定的,但也会受到环境、气候和栽培管理等因素的影响。在正常气候条件下,各种果蔬产品都要经过一定时间的生长才能成熟,如苹果的早熟品种盛花后 100 d 左右成熟,中熟品种 100~140 d 成熟,晚熟品种 140~170 d 成熟。

1.1.2　生长期与果蔬成熟度之间的关系

1.1.2.1　生理变化与成熟度的关联

果蔬的成熟度不仅是形态学上的概念,更是一个复杂的生理学过程,涉及多种生理生化反应的综合作用。从生理学的角度来看,生长期对果蔬成熟度的影响主要表现在果蔬内部生理代谢的活跃程度上,随着生长期的推进,果蔬的光合作用逐渐增强,叶绿素含量增加,从而促进了碳水化合物的合成与积累,这些碳水化合物是果蔬成熟过程中重要的能量来源和物质基础。在生长期内,果蔬内部的酶活性也会发生显著变化,这些酶参与了果蔬成熟过程中的多种生化反应,如淀粉的分解、糖类的转化以及细胞壁的降解等。随着果蔬的成熟,一些关键酶的活性逐渐增强,加速了果蔬内部的物质转化和能量代谢,从而促进了果蔬的成熟进程。此外,生长期还影响着果蔬内部的激素平衡,在果蔬成熟过程中,多种植物激素如乙烯、生长素等发挥着重要的调控作用,这些激素的含量和比例随着生长期的延长而发生变化,进而影响着果蔬的成熟速度和品质。例如,乙烯是一种重要的植物激素,能够促进果蔬的成熟和衰老,在果蔬的生长期内,乙烯的合成和释放量逐渐增加,从而加速了果蔬的成熟进程。

1.1.2.2 营养价值的积累

随着生长期的延长,果蔬中的水分含量逐渐稳定,而干物质则逐渐积累,主要包括糖分、蛋白质、维生素和矿物质等营养成分。特别是在成熟过程中,糖分的积累尤为明显,使得成熟的果蔬更加甜美可口。例如,在一些水果中,如苹果和梨,随着生长期的推进和成熟度的提高,其可溶性固形物(主要是糖分)的含量会显著增加,从而提升了果实的口感和营养价值。果蔬在生长过程中,通过根系从土壤中吸收矿物质,并通过叶片进行光合作用合成维生素。随着生长期的延长,这些营养成分在果蔬中的含量逐渐丰富。特别是在果蔬成熟时,其维生素 C、维生素 A 和矿物质如钾、钙等的含量往往达到峰值,满足了人体对营养的需求。在果蔬的生长期内,随着细胞的不断分裂和扩张,果蔬的组织结构逐渐完善,膳食纤维的含量也随之增加。特别是在一些富含纤维的果蔬中,如芹菜、菠菜等,其纤维素的含量在成熟时达到最高。

1.2 表面色泽的显现和变化

1.2.1 色泽变化与成熟度的关系

果蔬在成熟过程中,表面色泽通常会发生显著变化,这种变化是由于果蔬内部化学物质的转化和积累所导致的。例如,叶绿素会逐渐减少,而类胡萝卜素、黄酮素等色素会增加,从而使果蔬的颜色由绿色转变为黄色、红色或其他颜色。这种转变标志着果蔬的成熟。具体来说,在果实成熟过程中,叶绿素含量下降,果实的绿色逐渐褪去,取而代之的是类胡萝卜素等色素的显现,使果实呈现出黄色、橙色或红色等成熟色泽。如苹果由青绿色逐渐转为红色,香蕉由青绿色转为黄色等。

1.2.2 色泽变化与内部品质的关系

果蔬表面色泽的变化不仅反映了其成熟状态,还与内部品质密切相关。随着果蔬的成熟,其内部的糖分、酸度等化学成分也会发生变化,这些变化会直接影响果蔬的口感和风味。而色泽的变化往往可以作为这些内部品质变化的直观表现。例如,在一些水果中,红色的显现通常意味着糖分的积累和酸度的降低,这使得果实更加甜美可口。同时,一些特定的色泽变化还可能预示着果蔬的特定风味或香气成分的形成。

1.2.3 色泽变化的判断与应用

在实际应用中,可以通过观察果蔬的表面色泽来判断其成熟度,这种方法简单易行,且较为准确。然而,需要注意的是,不同种类的果蔬其色泽变化规律可能有所不同,因此需要结合具体种类进行判断。此外,色泽判断还可以与其他成熟度判断方法相结合,如硬度测定、化学成分分析等,以增强判断的准确性。同时,随着科技的发展,一些先进的无损检测技术如光谱分析等也逐渐被应用于果蔬成熟度的判断中,这些技术可以通过分析果蔬表面的反射光谱来准确判断其成熟度。

1.3 硬度或坚实度

1.3.1 硬度与果蔬成熟度的关系

硬度是指果蔬抵抗外界压缩或刻入的力量,深刻反映了果蔬内部组织的紧密程度和细胞壁的结构特点。果蔬在生长与成熟过程中,硬度的变化如同一部生动的成长史。通常,当果蔬还未成熟时,其硬度相对较高,因为在这个阶段,细胞壁的结构特别紧密,仿佛坚固的城墙,守护着果蔬的内部结构。同时,未成熟的果蔬含有较高的水分,使得其整体组织显得脆硬,不易被压缩。然而,随着果蔬逐渐走向成熟,细胞壁开始逐渐降解,仿佛城墙逐渐撤去,果肉因此变得更加柔软、多汁。这一系列的生理生化变化,直接导致果蔬的硬度逐渐降低,为果蔬成熟度提供了直观的判断依据。

1.3.2 硬度在成熟度确认中的应用

1.3.2.1 硬度测定方法

硬度的测定是果蔬成熟度评估中的关键环节,通常采用专门的硬度计来完成这一任务,硬度计的工作原理是在果蔬表面施加恒定的压力,然后测量压头压入果蔬一定深度时所需要的力量。这个力量的大小就直接反映了果蔬的硬度。这种测定方法不仅操作简单易行,而且能够相当准确地揭示果蔬的成熟程度。在实际操作中,为了确保测量数据的准确性和代表性,通常会选择果蔬的阴面中部区域进行去皮测定。这个部位往往最能体现果蔬的整体硬度特性,避免了因阳光照射不均或表面瑕疵等因素导致的硬度异常。通过这样的测定方法,人们可以获取到更加可靠的硬度数据,从而更精确地评估果蔬的成熟度,为后续的采收、储存和销售提供有力支持。

1.3.2.2 硬度与采收时机的关系

硬度的变化在果蔬生长周期中起着举足轻重的作用,尤其是对于确定最佳采收时机至关重要,像苹果、梨这类水果,硬度不仅关乎口感,更直接影响其贮藏寿命。如果采收过早,果实硬度过高,口感可能酸涩;而采收过晚,果实可能因过熟而变软,影响贮藏和销售。因此,通过定期、科学地测定果蔬的硬度,能够精准地掌握其成熟进程,进而选定最佳的采收时机,不仅能确保果蔬在最佳状态下被采摘,还能延长其贮藏期,保持优良品质,从而更好地满足市场需求。

1.4 果蔬主要化学物质的含量

1.4.1 可溶性固形物的含量

可溶性固形物是果蔬中一类重要的化学成分,主要包括糖分、有机酸以及维生素等,这些都是能够溶解在果蔬汁液中的物质。随着果蔬的逐渐成熟,这些可溶性固形物的含量往往会呈现出上升的趋势。特别是在果实成熟的过程中,糖分的不断积累和增加是一个显著的特征,这种积累会直接导致可溶性固形物含量的显著提高。这种化学变化对果蔬的口感产生深远影响,使得果蔬的味道变得更加甜美,更受消费者的喜爱。更为重要的是,这种可溶性固形物含量的变化,尤其是糖分的积累,已经成为判断果蔬是否成熟的一个重要指标。举例来说,在某些特定的水果中,当检测到可溶性固形物的含量达到或超过某一特定值时,通常意味着果实已经成熟,可以进行采摘和销售。

1.4.2 糖酸的含量与比例

糖和酸,这两种化学成分在果蔬中占据着举足轻重的地位,其含量以及相互之间的比例,对于果蔬的口感有着决定性的影响。在果蔬逐渐成熟的过程中,可以观察到一个明显的趋势:糖的含量在不断地攀升,而酸的含量则在逐渐下降。这种化学成分的动态变化,直接导致了果蔬口感的转变。未成熟时,由于酸度较高,果蔬可能给人一种酸涩的感觉。然而,随着成熟进程的推进,糖分的增加和酸度的降低共同作用,使得口感逐渐变得甜美,更加符合人们的口味偏好。此外,糖和酸的比例,即糖酸比,也成为判断果蔬成熟度的一个重要参考指标。通常来说,当果蔬达到成熟状态时,其糖酸比会相对较高,这也意味着其口感会更为出色,更能满足消费者的味蕾需求。

1.4.3 淀粉的含量

在一些特定的果蔬中,例如香蕉和芒果,淀粉的含量变化与成熟度之间存在着密切的联系。随着这些果实的逐渐成熟,其内部的淀粉会发生一系列复杂的生物化学转化。具体来说,淀粉在成熟过程中会逐渐被分解成单糖或双糖,从而使得果实中的糖分含量逐渐上升。这种由淀粉向糖分的转化,不仅显著地改善了果蔬的口感,使其变得更加甜美和多汁,还在一定程度上提升了其营养价值。糖分是人体可以直接利用的能量来源,也是构成许多重要生物分子的基础。因此,在这类果蔬中,淀粉的含量变化可以作为一个辅助性的成熟度判断指标。通过定期检测果实中淀粉的含量,人们可以间接地了解其成熟程度,从而为采摘和销售提供更为准确的时机参考。这种方法虽然不如直接测定糖分含量那样直接和精确,但由于其操作简单易行,且具有一定的指示意义,因此在实践中仍具有一定的应用价值。

1.5 果梗脱离的难易度

1.5.1 果梗脱离难易度与成熟度的关系

随着果蔬的成熟,其果梗与果实之间的连接组织会发生一系列生理和化学变化。这些变化通常导致果梗与果实之间的连接变得松弛,从而使得果梗更容易脱离。因此,果梗脱离的难易度可以作为判断果蔬成熟度的一个有效指标。具体来说,在果蔬成熟过程中,细胞壁会逐渐降解,细胞之间的连接也会变得松弛。这些变化在果梗与果实连接处尤为明显,导致果梗的附着力减弱。当果蔬达到一定的成熟度时,果梗会自然脱落或在轻微外力作用下即可脱离。

1.5.2 果梗脱离难易度在采收中的应用

1.5.2.1 判断采收时机

随着果蔬的生长发育,果梗与果实之间的组织结构会发生动态变化,这些变化与果蔬的成熟度紧密相连。因此,通过观察和分析果梗脱离的难易度,人们可以精准地把握果蔬的成熟状态,进而确定最佳的采收时机。具体而言,在果蔬成熟过程中,其内部的生理生化反应会导致果梗与果实连接处的细胞结构和化学成分发生变化。随着成熟度的提升,细胞壁逐渐降解,连接组织变得松弛,从而使得果梗的附着力逐渐减弱。当这种附着力降低到一定程度时,果梗就会变得容易脱离。因此,果梗脱离的难易度实际上反映了果蔬内部的生理变化和成熟程度。在采收实践中,可以通过观察和测试果梗脱离的难易度来准确判断果蔬的成熟度。当果梗开始变得容易脱离时,这通常意味着果蔬已经达到了一定的成熟度,此时进行采收可以确保果蔬的品质和口感达到最佳状态。这种判断方法不仅简单易行,而且具有较强的准确性和实用性。

1.5.2.2 提高采收效率

在果蔬的采收作业中,采摘者需迅速而准确地判断果实的成熟度,并高效地将其从植株上采摘下来。果梗脱离的难易度,作为一个直观的指标,为采摘者提供了重要的操作依据。具体而言,当果梗脱离的难易度适中时,意味着果实已经成熟且连接组织已经松弛到一定程度,采摘者可以轻松地摘取果实,而无需过多的力量或技巧,在这种情况下,采摘速度会显著提升。反之,如果果梗难以脱离,采摘者可能要花费更多的时间和精力来摘取每一个果实,甚至可能要借助工具或采取其他辅助措施,降低了采收效率。因此,果梗脱离的难易度实际上成为采收作业中的一个关键控制点,通过对其准确判断,采摘者可以优化采收策略,提高作业效率,减少浪费和损耗,对于大规模的商业性果蔬生产来说尤为重要,因为高效的采收作业不仅可以节约成本,还可以确保果蔬的新鲜度和市场竞争力。

1.5.2.3　减少损伤

果梗脱离的难易度能够直接反映果蔬的成熟状态和连接组织的强度。当果梗容易脱离时,表明果蔬已经成熟,连接组织已经自然松弛。在这种情况下进行采收,可以大幅度降低由于强行分离果梗和果实而造成的机械损伤。通过观察和评估果梗脱离的难易度,采收人员可以更加精准地施加力量,避免使用过大的力气导致果蔬破损。这种精细化的操作方式对于保持果蔬完整性至关重要,尤其是在处理易碎或高价值的果蔬时。此外,了解果梗脱离的难易度还有助于采收人员选择合适的采收工具和方法。例如,对于果梗较难脱离的果蔬,可以采用具有缓冲作用的采收夹或其他辅助工具,以减少在采收过程中对果蔬的冲击力。

1.6　其他方法

1.6.1　果实的形态

随着果蔬的成熟,果实的形态会发生一系列的变化。例如,一些果实在成熟过程中会逐渐变得饱满,果形更加圆润。像苹果、梨等水果,在成熟时往往会呈现出更加规则的圆形或椭圆形。这种形态变化不仅使果实外观更加美观,也意味着果实内部的果肉已经充分发育,口感和营养价值达到最佳状态。此外,不同种类的果蔬在成熟过程中,其果实形态的变化也各具特征。例如,香蕉在成熟过程中,横断面会由多角形逐渐变为圆形;而一些瓜类果蔬,如西瓜和甜瓜,在成熟时其表面会变得更加光滑,颜色也会发生明显变化。除了上述的直观形态变化外,果实的大小也是判断成熟度的一个重要形态指标。一般来说,随着果蔬的成熟,果实的大小会逐渐增加。这是因为在成熟过程中,果肉细胞不断分裂和扩张,导致果实整体体积增大。然而,也需要注意到,并非所有果蔬都是越大越成熟,有些品种的果蔬在成熟时大小可能并无明显变化。

1.6.2　植株的生长状况

观察植株的整体生长状况可以提供关于果蔬生长环境的信息,健康的植株通常生长旺盛,叶片鲜绿,这表明得到了充足的养分和水分,以及适宜的光照条件。在这样的环境下生长的果蔬,其成熟度往往更加均匀,品质也更高。植株的特定生长阶段与果蔬的成熟度密切相关,例如,对于一些有地下部分的蔬菜,如洋葱、芋头、生姜等,地上植株的生长状况可以作为判断地下部分成熟度的依据。当植株开始转黄或出现其他明显的生理变化时,通常意味着地下的果蔬已经接近成熟。通过观察植株的叶片、茎干和根系等部分的状况,人们可以推断出果蔬的营养状况和抗病能力。例如,叶片如果出现黄化、枯黄或褐色斑点,可能表示果蔬存在营养不良或病害问题,会影响果蔬的成熟过程和最终品质。

1.6.3 果实表面保护组织的形成

果实表面保护组织主要由角质层、蜡质层以及表皮细胞等构成,这些组织在成熟过程中逐渐发育和完善。随着果蔬的成熟,角质层逐渐增厚,蜡质层也变得更加明显,这些变化使得果实表面的光泽度增加,同时提高了果实的耐贮藏性和抗病能力。从成熟度的角度来看,果实表面保护组织的形成与果蔬的成熟度密切相关,一方面,随着果蔬的成熟,果实表面的角质层和蜡质层逐渐形成和积累,这在一定程度上可以反映果蔬的成熟状态。例如,在一些水果中,如苹果、梨等,随着成熟度的提高,果实表面的光泽度明显增加,这可以作为判断成熟度的一个直观指标。另一方面,果实表面保护组织的形成还可以反映果蔬的品质和贮藏性,具有完整且致密的表面保护组织的果蔬,其品质和贮藏寿命通常更高。因此,在采收时观察果实表面的光泽度、角质层和蜡质层的发育情况,可以间接判断果蔬的成熟度和品质。需要注意的是,不同种类的果蔬在成熟过程中果实表面保护组织的形成速度和程度可能有所不同,因此,在实际应用中需要结合具体的果蔬种类和生长环境等因素进行综合判断。

任务2 采收方法与技术

2.1 采收准备

2.1.1 组织

2.1.1.1 人员调配与协调

在采收前,必须对参与采收的人员进行合理调配,要求管理者充分了解每个工作人员的技能水平、工作经验以及身体状况,以便将采收人员分配到最适合的岗位。同时,协调好各个环节的工作节奏和人员之间的配合也至关重要,可以确保采收流程的顺畅进行,减少不必要的等待和浪费。有效的人员调配与协调,不仅能够提高采收效率,还能在一定程度上减少果蔬损伤和浪费,从而保障采收的果蔬质量。

2.1.1.2 现场管理与流程规划

现场管理涉及对采收现场环境的全面把控,包括安全措施的落实、现场秩序的维护以及对人员设备的合理分配等。通过科学的管理,人们可以有效预防安全事故的发生,确保采收工作平稳进行。同时,流程规划则是针对采收作业的每一个环节进行细致安排,从果蔬的采摘、分类、包装到运输等,都需要有明确的操作指南和时间节点,合理的流程规划能够最大化地减少不必要的耗时和人力浪费,提升整体采收效率。

2.1.2 培训

2.1.2.1 技能培训

技能培训旨在向采收工作人员传授正确的采收方法、技巧以及相关的知识,使其能够熟练、准确地完成采收任务,通常包括识别果蔬成熟度的能力、使用采收工具的正确姿势、减少采收过程中果蔬损伤的方法等内容。系统的技能培训使工作人员可以更加迅速且有效地进行采收,减少因操作不当而造成的果蔬破损,从而提高整体采收质量。此外,技能培训还有助于提升工作人员的专业素养和安全意识,确保工作人员在采收过程中能够遵循相关的安全规程,降低事故风险。

2.1.2.2 安全与卫生培训

安全与卫生是采收工作中不可忽视的要素,直接关系着采收人员的人身安全和果蔬产品的卫生质量。安全与卫生培训使采收人员能够全面了解采收过程中可能遇到的安全隐患,并学会如何预防和处理这些隐患,从而有效降低事故发生的概率。同时,培训还强调个人卫生和采收环境的清洁度,确保果蔬在采收、储存和运输过程中免受污染,保障食品的卫生安全。这种培训不仅提高了采收人员的安全意识和卫生素养,也为果蔬产品的质量和消费者的健康提供了有力保障。

2.1.2.3 质量与效率意识培养

质量与效率,二者相辅相成,共同构成了采收工作的核心要求。专门的培养与训练使采收人员能够深刻理解质量与效率的重要性,并在实际工作中付诸实践。在质量方面,培养采收人员对果蔬品质的高度敏感性和责任心至关重要,要学会通过细致地观察和判断,确保采收的果蔬达到最佳成熟度,同时避免采收过早或过晚的果实,从而保障果蔬的口感、营养价值和市场接受度。在效率方面,培养采收人员的团队协作精神和时间管理意识同样重要,通过优化工作流程、提高工具使用技巧以及合理分配工作任务,采收团队能够在短时间内完成更多、更高质量的采收工作,从而提升整体效率。

2.1.3 准备工具

2.1.3.1 采果梯

在现代农业生产中,随着果树栽培技术的发展和果园管理水平的提升,采果梯的作用愈发凸显。采果梯通常采用高强度材料制成,以确保其稳固性和承重能力,见图3-1。其设计多考虑人体工程学原理,使得操作者在攀爬和作业时能够保持舒适和平衡,减少疲劳和可能的安全隐患。同时,采果梯的结构也经过精心设计,便于携带、存储和移动,以适应不同果园环境和采收需求。在采收过程中,采果梯的使用能够显著增强作业人员对高处果实的可达性,从而确保果实的全面采收和果园的整体产量。

图3-1 采果梯

2.1.3.2 采果袋(框)

采果袋通常采用轻便且耐用的材料制成,便于携带和操作,见图3-2。其设计灵活多样,可适应不同种类和大小的果实。在采收过程中,采果袋能够有效地保护果实免受损伤,同时方便作业人员快速收集果实,减少频繁更换容器而造成的时间浪费。而采果筐则通常用于更大规模的采收作业。其结构稳固,承重能力强,能够容纳大量果实,见图3-3。采果筐的设计往往考虑到通风和保鲜的需求,以确保果实在储存和运输过程中的品质。此外,采果框还便于机械化操作,能够提高采收和后续处理的自动化水平。

2.1.3.3 采果剪

采果剪是一种专门设计用于剪断果树枝条、采摘高处或难以触及的果实的工具,其重要性在于它能够精确、快速地完成采收作业,同时最大程度地减少对果树和果实的损伤。采果剪通常由高强度材料制成,以确保其耐用性和

图 3-2　采果袋

图 3-3　采果框

剪切力,见图 3-4,其设计考虑到人体工程学原理,使得操作者在使用过程中能够轻松施力,减少手部疲劳。剪切部分通常呈弧形或弯月形,以适应不同粗细的枝条,并确保剪切面平整,减少对果树的伤害。在采收过程中,采果剪能够迅速剪断连接果实与果树的枝条,使得采收工作更加高效。与传统的用手摘取或拉扯相比,使用采果剪能够更精确地控制剪切位置,避免对果树造成不必要的损伤,同时确保果实的完整性。

图 3-4　采果剪

2.1.3.4　采果刀

采果刀是一种重要的手工采收工具,广泛应用于各类水果和蔬菜的采摘过程中,采果刀的刀刃部分通常采用高品质材料制成,以保证其锋利度和耐用性,见图3-5。这种设计使得刀刃能够轻松切割各类果蔬的茎部,提高采收速度。高品质的刀刃材料也能有效抵抗腐蚀和磨损,延长工具的使用寿命。采果刀的手柄通常采用防滑、抗疲劳的材质,以确保操作人员在长时间使用后仍能保持舒适和稳定,不仅提高了采收的效率,也降低了手部疲劳和受伤的风险。

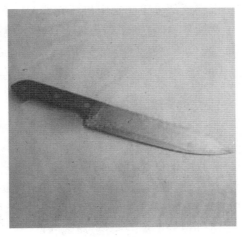

图3-5　采果刀

2.2　采收方法

2.2.1　人工采收

人工采收方法作为传统的采收手段,依然是现代农业中不可或缺的重要环节,用于鲜销和长期贮藏的果蔬产品应采用人工采收。人工采收依赖于训练有素的操作人员,通过直接观察和手工操作来选择性地采摘成熟的果蔬,这种方法的核心优势在于其高度的灵活性和精确性,能够根据果蔬的成熟度、颜色、大小等直观指标,实时调整采收策略,确保采收的果蔬达到最佳品质。在人工采收过程中,操作人员通常使用一系列手工工具,如采果剪、采果刀等,来辅助完成采摘作业。这些工具的使用不仅提高了采收的效率,还在一定程度上保证了采收过程的安全性。人工采收方法对环境具有低影响,不依赖大型机械设备,因此能够减少对果园土壤和生态环境的潜在破坏。

2.2.2　机械采收

机械采收方法是现代农业生产中采用的一种高效、自动化的采收手段,借助专门的机械设备,如收割机、采摘机等,来完成对果蔬的快速、大规模采收。机械采收方法的应用,极大地提高了采收效率,降低了劳动强度,成为现代农业发展中不可或缺的一环。机械采收的核心优势在于其高效性和规模化处理能力,通过机械设备进行采收,可以在短时间内完成大面积的果蔬采摘工作,从而显著提高生产效率。此外,机械设备还可以根据果蔬的特性和成熟度进行精确调整,确保采收的准确性和一致性。传统的人工采收需要大量的人力投入,而机械采收则可以将这部分工作交由机器完成,从而减轻操作人员的体力负担,不仅提高了工作效率,还有助于降低人力成本。通过机械设备进行采收,可以统一采收标准,确保果蔬的品质和安全性。同时,机械采收还可以减少人为因素对采收过程的影响,提高采收的稳定性和可靠性。

2.3 采收时应注意的问题

2.3.1 采收时间

在果蔬类采收时,采收时间的选择至关重要,直接影响果蔬的品质、储存寿命以及后续的市场销售。采收时间要根据果蔬的成熟度来确定,成熟度是影响果蔬品质的重要因素,不同成熟度的果蔬在口感、风味和营养价值上存在差异。因此,采收时应通过观察果蔬的颜色、质地、香气等特征,以及可能的化学或物理指标,来准确判断其成熟度,从而确定最佳的采收时间。天气条件也是选择采收时间时要考虑的因素,一般来说,晴朗干燥的天气更适合进行采收,因为这样的条件下果蔬的水分含量适中,有利于后续的储存和运输。而在雨天或湿度较大的天气中采收,可能会导致果蔬含水量过高,容易引发腐烂或变质。市场需求和供应链的要求也会影响采收时间的选择,如果市场需求量大,可能要提前采收以确保供应;反之,如果市场需求平稳,可以适当延迟采收以获得更好的果蔬品质。同时,供应链中的储存、运输和加工环节也会对采收时间提出要求,以确保果蔬在整个供应链中的品质和新鲜度。此外,不同种类的果蔬具有不同的生长周期和成熟特性,因此要根据其具体情况来确定采收时间。例如,某些水果可能在早晨或傍晚采收时品质更佳,而某些蔬菜则可能在完全成熟前就需要进行采收以保持其脆嫩口感。

2.3.2 分期采收

果蔬的生长和成熟是一个动态的过程,受到遗传特性、环境条件和管理措施等多重因素的影响。因此,同一果园或菜地中的果蔬,其成熟度往往存在差异。这种差异不仅体现在不同植株之间,甚至同一植株上的不同果实也可能存在成熟度的差异。分期采收正是基于这种差异性的存在而提出的一种有效策略,通过分期采收,农民可以根据每个果蔬的实际成熟度来决定是否进行采收,从而确保采收的果蔬都处于最佳食用状态,不仅可以提升消费者的食用体验,还有助于建立和维护果蔬品牌的良好形象。分期采收有助于提高经济效益,一方面,通过分期采收,农民可以根据市场需求灵活调整采收计划,使果蔬的供应更加符合市场变化,从而减少库存积压和浪费;另一方面,分期采收可以延长果蔬的采收期,为农民提供更多的销售机会,进而增加销售收入。此外,分期采收还有助于减轻植株的负载压力,使其有时间恢复和调整生理状态,为下一轮的生长和结果奠定基础。随着消费者对果蔬品质的要求越来越高,市场对高品质果蔬的需求也在不断增加。通过分期采收,农民可以提供更加新鲜、优质的果蔬产品,从而满足消费者的多样化需求。

2.3.3　采收人员

采收人员要具备专业的采收技能和知识,包括对果蔬成熟度的准确判断、采收工具的正确使用以及采收过程中的卫生和安全操作等。专业的采收技能和知识能够确保果蔬在采收过程中受到最小的损伤,从而保持其最佳的品质和口感。例如,采收人员要了解不同果蔬的成熟特征和采收方法,以便在合适的时机进行采收,避免过早或过晚采收对果蔬品质造成不良影响。采收人员要认真负责、细致入微地进行采收工作,以确保每一个果蔬都能得到妥善的处理。在采收过程中,采收人员应严格按照卫生和安全标准进行操作,避免对果蔬造成二次污染或损伤。同时,还要密切关注市场动态和消费者需求,以便及时调整采收策略,满足市场变化。在大型果园或菜地中,采收工作往往需要多人协作完成。因此,采收人员之间要保持良好的沟通和配合,确保采收工作的顺利进行。通过有效的协作,可以提高采收效率,减少浪费和不必要的损失。此外,随着现代农业技术的不断发展,采收人员还要不断学习和更新自己的知识。例如,学习使用先进的采收设备和技术,以提高采收效率和质量。同时,还要关注新兴的市场趋势和消费者需求,以便更好地适应市场变化。

2.3.4　采后处理

采后处理涵盖了从果蔬离开植株到最终销售或消费前的所有操作步骤,每一步都至关重要,初始的清洗环节旨在移除果蔬表面的污垢、农药残留及微生物,这是保障食品安全的基石。随后,分级与分类操作则依据果蔬的外观、大小、成熟度等因素进行,这不仅有利于市场定位,还能满足不同消费者的个性化需求。在包装环节,科学合理地选择包装材料和方式,可以有效减缓果蔬的新陈代谢,保持其新鲜度和口感。同时,包装还能在运输和储存过程中提供必要的保护,防止机械损伤和微生物污染。贮藏环境的控制也是采后处理中的关键环节,温度、湿度以及气体成分的精确调控,能够显著延长果蔬的保鲜期,减少营养成分的流失,从而保持果蔬的最佳食用状态。此外,对于某些果蔬,可能还需要进行特定的化学或物理处理,如使用保鲜剂、进行辐照等,以进一步增强其抗病性和耐贮性。这些处理方法的选用必须严格遵循食品安全标准,确保不会对果蔬造成二次污染。

项目二　肉类获取

任务1　不同肉类的屠宰周期

1.1　猪肉的屠宰周期

1.1.1　猪肉的屠宰周期及特点

1.1.1.1　屠宰周期

猪肉的屠宰周期通常指的是从猪的出生到其被屠宰的时间段,这个周期的长度对猪肉的品质和产量有着直接的影响。一般来说,猪的屠宰周期在 6 个月至 1 年之间,但具体的时间会根据猪的品种、饲养环境、饲料质量以及市场需求等因素有所不同。

第一,生长阶段。猪肉的屠宰周期与猪的生长阶段紧密相连,从仔猪出生到育肥成熟,猪会经历哺乳期、断奶期、生长期和育肥期等多个生长阶段,每个阶段都需要精细的饲养管理以确保其健康生长。屠宰周期通常在猪达到适宜屠宰体重和年龄时进行,这一时点的选择对于保证猪肉品质和满足市场需求至关重要。合理的屠宰周期能够平衡肉质、产量与经济效益之间的关系,确保猪肉的品质与口感达到最佳状态。

第二,体重增长。猪肉的屠宰周期与猪的体重增长密切相关,在猪的成长过程中,体重的增长速度是决定屠宰周期的关键因素之一。一般而言,随着饲养时间的延长,猪的体重逐渐增加,但增长速度会逐渐放缓。为了获得优质的猪肉产品,通常会在猪达到一定的体重时进行屠宰,这个体重一般介于 90 到 120 千克。选择适宜的屠宰时间,可以确保猪肉的质量和口感,同时最大化养殖效益。

第三,市场需求与调整。猪肉的屠宰周期受到市场需求的重要影响,并要据此作出相应调整。市场需求的波动会直接影响屠宰周期的频率和时机,当市场需求旺盛时,屠宰周期可能会缩短,以满足消费者对猪肉的大量需求;反之,在需求低迷时,屠宰周期可能会延长,以避免库存积压。

1.1.1.2 特点

第一,肉质变化。随着屠宰周期的变化,猪肉的品质也会发生相应的改变。早期屠宰的猪肉,肉质可能较为松软,色泽暗淡,水分和脂肪含量较高。而在 8 个月以上屠宰的猪肉,肉质更加细化,口感丰富,营养价值也相对较高。

第二,生产效率与经济效益。合理的屠宰周期可以提高生产效率,使养殖户在较短的时间内获得更多的猪肉产量。同时,通过调整屠宰周期来适应市场需求,也可以提高经济效益。

第三,环境影响。屠宰周期的长短还会对环境产生影响,较长的屠宰周期意味着生猪饲养时间的延长,这可能会增加饲养过程中的资源消耗和废弃物排放。因此,在确定屠宰周期时,需要综合考虑经济效益和环境因素。

1.1.2 猪肉屠宰过程中的关键点控制

1.1.2.1 生猪接收与检查

生猪接收与检查不仅关乎屠宰场的运营效率,更直接影响猪肉产品的安全性与品质。在生猪接收阶段,屠宰场要对运抵的生猪进行全面的健康检查,这一步骤至关重要,能够及时发现并排除患有疫病或存在其他健康问题的猪只,从而防止潜在的疾病传播和污染。检查的内容包括但不限于生猪的体态、精神状态、呼吸及体温等生理指标,这些都是评估生猪健康状况的重要依据。同时,接收环节还包括对生猪来源地的核实,以及对相关检疫证明的查验,这一过程的严谨性直接关系着后续屠宰流程的安全与合规性。只有通过严格的接收与检查,才能确保进入屠宰流程的生猪是健康的,进而保证最终猪肉产品的安全与质量。此外,生猪接收与检查环节还要求工作人员具备专业的知识和技能,以便准确判断生猪的健康状况。这一环节的有效执行,不仅是对消费者负责的体现,也是屠宰场提升自身竞争力、维护品牌形象的关键所在。

1.1.2.2 淋浴

猪肉屠宰过程中,淋浴不仅是为了清洁生猪体表,去除粪便等污物,以减少屠宰过程中的污染,更重要的是在生理和心理层面对生猪产生积极影响。从生理角度来看,淋浴能够刺激生猪的血液循环,有利于后续的放血过程,使得放血更加完全,从而提高肉品质量。同时,适宜的水温和恰当的淋浴时间能够减少生猪体表的微生物数量,进一步降低污染风险。在心理层面,淋浴有助于稳定生猪的情绪,减少其应激反应。应激反应是生猪在面临环境变化时产生的非特异性反应,它会对肉质产生不良影响。通过淋浴,生猪能够在一定程度上适应新环境,减轻紧张情绪,这对于保持肉质的嫩度和口感至关重要。在实施淋浴时,水温和时间的控制是关键因素,根据相关研究和实践经验,建议的水温应保持在 20 ℃ 左右,不仅有助于清洁猪体,还能避免对生猪造成不必要的刺激。

1.1.2.3　电麻处理

电麻处理主要是通过电流刺激使牲畜失去知觉,从而避免其在屠宰过程中遭受不必要的痛苦,这一步骤的科学性和精确性直接关系着肉质的好坏以及屠宰过程的人道性。在实施电麻处理时,要严格控制几个关键参数:电流强度、电压大小和作用时间。这些参数的选择直接影响到麻电效果。例如,人工麻电通常采用的电压范围是 70~90 V,电流在 0.5~1 A,作用时间为 1~3 s;而自动麻电器的电压则通常不超过 90 V,电流不超过 1.5 A,作用时间不超过2 s。这些具体数值是经过精心研究和实践验证得出的,旨在确保麻电过程既有效又尽可能减少对牲畜的潜在伤害。一般来说,为了最大化麻电效果并最小化对肉质的影响,会选择在牲畜的额部进行电麻。在这个部位使用盐水可以进一步改善麻电效果,因为它能增强电流的传导性。

1.1.2.4　放血操作

放血操作的核心目的是尽可能完全地排出猪体内的血液,以减少肉中的血红蛋白含量,从而改善肉品的色泽和风味,并延长保存期限。在屠宰过程中,放血通常是在电麻处理之后立即进行,以确保牲畜在无知觉的状态下完成这一步骤,这样既减少了牲畜的痛苦,也避免了因挣扎而导致的放血不完全。在实施放血操作时,通常选择颈部的大动脉进行放血,因为这个部位的血管较粗,血流量大,能够更快速地排出体内血液,应使用锋利的刀具,以确保一次性快速切断血管,避免造成不必要的组织损伤和血液淤积,放血时间应足够长,以确保血液能够充分排出。过短的放血时间可能导致血液残留,影响肉质。通过精确控制放血操作中的各个关键环节,可以确保猪肉的质量和安全性,同时提高肉品的商品价值。不完全的放血可能导致肉质发红,影响消费者的接受度,而过度放血则可能造成肉质干燥和色泽不佳。

1.1.2.5　猪肉的燎毛与打毛

燎毛与打毛步骤的目的是有效去除猪体表的毛,使得猪肉更加整洁、卫生,并提高其商品价值。燎毛是通过高温火焰将猪毛燎除的过程,这一步骤中,温度的控制十分关键,既要确保猪毛被彻底燎除,又要避免过高温度对猪皮造成损伤。在实际操作中,通常使用专门的燎毛设备,如燎毛炉,其温度可达 1 000 ℃,但猪体在炉内的停留时间必须严格控制,通常在 7 s 左右,以防止肉质受损。燎毛后,还需进行必要的冷却处理,如使用冰水喷淋,以确保肉质不因高温而受损。打毛是在燎毛之后进行的步骤,旨在进一步清除残留在猪体表的毛根和毛茬。打毛机的选择和使用在打毛过程中起着决定性作用。为了提高打毛效率并确保肉质不受损伤,需要选择适当的打毛机型号,并根据猪的品种、大小和年龄等因素调整打毛机的参数。打毛时间也需要严格控制,以避免过度打毛导致肉质损伤。在实际操作中,打毛时间通常控制在较短的时间内,以确保高效且安全地完成打毛过程。

1.2 鸡肉的屠宰周期

1.2.1 鸡肉的屠宰流程

1.2.1.1 运输与接收

在运输过程中,重点在于确保鸡的舒适度和安全性,不合理的运输条件可能导致鸡产生应激反应,这不仅影响其生理状态,还可能对肉质产生不利影响。因此,运输工具的选择、运输时间的控制以及运输途中的环境条件都是要考虑的重要因素。例如,使用具有良好通风和温度控制功能的运输车辆可以显著减少鸡的应激反应。接收环节则是对运输过来的鸡进行全面的健康检查,这一步骤的目的是排除可能存在疾病的鸡,防止其进入屠宰流程,从而确保最终产品的安全性。检查内容包括但不限于鸡的体态、活动情况、羽毛状况等,任何显示出疾病迹象的鸡都应被排除在外。

1.2.1.2 麻醉

麻醉的目的是减少鸡在屠宰过程中的痛苦,确保屠宰的人道性和鸡肉的品质。在麻醉过程中,常见的麻醉方法包括电击、钝性冲击或气体麻醉等。这些方法的选择取决于屠宰场的设备和条件,以及对于肉质和动物福利的考虑。电击麻醉通常通过给予鸡一定的电流,使其暂时失去知觉;而气体麻醉则是通过让鸡吸入一定浓度的麻醉气体,达到麻醉效果。麻醉的参数设置至关重要,如使用电击麻醉时,需要严格控制电压和电流的大小,以及麻醉时间的长短。过高的电压或电流可能会对鸡造成伤害,而过长的麻醉时间则可能影响肉质。因此,屠宰场需要根据实际情况,通过试验和实践来确定最佳的麻醉参数。此外,麻醉环节要确保麻醉设备的正常运行和维护,避免出现故障或误差,并对操作人员进行专业培训,确保能够熟练掌握麻醉技术,还要对麻醉后的鸡进行必要的监控和观察,以确保其处于适宜的麻醉状态。

1.2.1.3 宰杀与放血

在宰杀过程中,要确保快速且准确地切断鸡的颈部血管和气管,以迅速终止其生命活动并启动放血过程,通常通过使用锋利的刀具来实现,一刀切断三管(气管、食管和血管),以减少鸡的痛苦并保证放血的顺利进行。放血是紧接着宰杀后的关键步骤,能够去除鸡体内的多余血液,不仅有助于减少肉中的血红蛋白含量,从而改善肉品的色泽,还能在一定程度上延长鸡肉的保存期限。在放血过程中,应确保放血完全,通常放血时间会依据鸡的大小和具体情况而有所调整,但一般需要确保血液能够充分流出。在实际操作中,放血时间鸡一般约为 90～120 s,以确保大部分血液能够排出。此外,在宰杀与放血环节中,刀具必须保持锋利,以减少切割时的阻力,确保宰杀的迅速和准确性,操作人员要经过专业培训,以确保能够快速、准确地完成宰杀和放血过程,整个过程中要严格遵守卫生标准,以防止污染和细菌滋生。

1.2.1.4　鸡肉的燎毛与打毛

燎毛是通过使用火焰去除鸡毛的过程,在此过程中,火焰的温度和时间控制是关键。过高的温度或过长的时间都可能导致鸡皮受损,进而影响肉质。因此,需要精确控制火焰的温度和鸡在火焰中的暴露时间。此外,燎毛的顺序和方法也需要根据鸡的大小和羽毛情况进行调整,以确保鸡毛被彻底燎除,同时避免对鸡皮造成不必要的损伤。打毛是在燎毛之后进行的步骤,旨在进一步清除残留在鸡皮上的毛根和细小羽毛,在打毛过程中,打毛机的选择和操作是关键。不同类型的打毛机可能对鸡皮造成不同程度的摩擦和损伤,因此需要选择适合的打毛机,并根据鸡的情况调整打毛机的参数。同时,打毛的时间需要严格控制,以避免过度打毛导致鸡皮受损。

1.2.1.5　剖腹与清洗

在剖腹环节中,主要目的是去除鸡的内脏器官,以便进行后续的清洗和加工。这一过程中,操作人员要精准地切割开腹部,同时避免对肉质造成不必要的损伤。剖腹操作要求迅速且准确,以减少微生物污染的风险。此外,取出内脏时要特别注意不要弄破胆囊,以免胆汁污染肉质。紧接着的清洗环节是确保鸡肉卫生的关键步骤,清洗过程中,要彻底冲洗鸡体内外,去除残留的血液、内脏碎片以及其他污物。清洗用水要保持清洁,并且水温要适中,以避免对肉质产生影响。通过有效的清洗,可以显著降低鸡肉中的微生物含量,从而提高产品的卫生质量。

1.2.1.6　分割与包装

在分割环节中,要根据市场需求和产品规划,将鸡按照不同部位进行精确切割,包括鸡胸肉、鸡腿、鸡翅等部位的分离。分割过程中,刀具的锋利度和操作人员的熟练度都直接影响到产品的质量和外观。此外,分割车间的卫生条件也需严格控制,以防止微生物污染。包装环节旨在保护鸡肉产品,延长其保质期,并保持其新鲜度,包装材料要具有良好的阻隔性能,以防止氧气、水分和微生物的侵入。在包装过程中还要考虑产品的展示效果,以吸引消费者。现代包装技术还常采用真空包装或气调包装,以进一步延长产品的保质期。

1.2.2 鸡肉的屠宰周期

1.2.2.1 养殖周期

鸡肉的屠宰周期始于养殖周期的结束,养殖周期,即从孵化到肉鸡达到适宜屠宰重量的整个过程,是鸡肉生产的基础阶段。一般来说,肉鸡的养殖周期在40～50天左右,但这一时间范围并非固定的,而是会受到多种因素的影响。例如,不同品种的肉鸡其生长速度和成熟期会有所差异,从而导致养殖周期的长短不一。此外,饲养环境、饲料质量以及管理水平等也会对养殖周期产生显著影响。在养殖周期内,要精心管理以确保肉鸡的健康和快速生长,包括提供充足的饲料和水源,控制适宜的温度和湿度,以及确保良好的通风条件等。同时,还要定期进行疫苗接种和疾病防治,以降低肉鸡的死亡率并提高出栏率。当肉鸡达到适宜屠宰重量时,便进入了屠宰周期,屠宰周期的长短同样会受到多种因素的影响,如屠宰场的工作效率、市场需求以及运输和储存条件等。为了确保鸡肉的新鲜度和品质,屠宰过程需要尽可能迅速且高效地完成。

1.2.2.2 适宜屠宰时间

在探讨适宜屠宰时间时,要考虑的是肉鸡的生长阶段和肉质发展,一般来说,肉鸡在养殖40～50天后达到适宜屠宰的重量和肉质状态。这一阶段,肉鸡已经积累了足够的肌肉和脂肪,肉质相对较鲜嫩,且风味佳。进一步地,从生物学角度来看,适宜屠宰时间也符合肉鸡的生长曲线。在这一时间点,肉鸡的生长速度开始放缓,继续饲养可能会导致肉质变老,口感下降。因此,选择此时屠宰可以最大化地保证肉质的口感和营养价值。

1.2.2.3 市场需求与屠宰周期

市场需求的变化直接影响屠宰周期的调整,当市场对鸡肉的需求量增加时,屠宰场往往会增加屠宰频次,以满足消费者的需求,可能会导致屠宰周期的缩短,因为养殖者需要更快地将肉鸡送达屠宰场以保持市场供应。相反,如果市场需求下降,屠宰场可能会减少屠宰活动,延长屠宰周期,以避免库存积压和降低成本。屠宰周期的调整也会对市场需求产生影响,例如,如果屠宰场提高了屠宰效率,缩短了屠宰周期,那么市场上鸡肉的供应量可能会增加,从而可能对价格产生影响。价格的变化又会反过来影响消费者的购买行为和市场需求。统计数据显示,近年来全球鸡肉消费量以每年约2%的速度增长,这种持续增长的市场需求促使屠宰场不断调整屠宰周期,以适应市场的变化。此外,市场需求的季节性变化也会对屠宰周期产生影响,例如,在节假日或特定季节,如春节或中秋节等,鸡肉的需求量可能会大幅增加。这时,屠宰场要提前规划,调整屠宰周期,以确保在需求高峰期有足够的鸡肉产品供应市场。

任务2　常见的屠宰技术

2.1　手工屠宰技术

2.1.1　基本流程与操作步骤

2.1.1.1　准备阶段

准备阶段涉及多个方面的细致准备,为后续屠宰操作的顺利进行奠定了基础,从工具准备的角度来看,需精心挑选和检查屠宰所用的各种刀具和辅助工具。这些工具必须保持锋利,以确保在屠宰过程中能够迅速、准确地完成切割任务,从而减少动物的痛苦并保障肉质的完整性。同时,对工具的消毒处理也是必不可少的步骤,能够有效防止因工具污染而引发的食品安全问题。在准备阶段,还要对待屠宰的动物进行细致的挑选和检查,目的是确保所选动物符合屠宰标准,排除存在疾病或异常的个体,从而保证肉品的质量和安全性。此外,还要对屠宰环境的检查和调整,确保屠宰场地的清洁卫生、调节适宜的温度和湿度等环境因素,以提供一个良好的屠宰环境,从而减少屠宰过程中的污染风险和提升肉品质量。

2.1.1.2　致晕或放血

致晕的主要目的是使动物在失去知觉的状态下进行后续的屠宰操作,以减少其痛苦和挣扎,从而避免肉质因动物的剧烈反应而受损。常见的手工致晕方法包括电击致晕和打击致晕。电击致晕通过电流刺激使动物迅速失去知觉,这种方法较为快速且有效,但需要专业的设备和技术。打击致晕则是通过重击动物的头部使其昏迷,这种方法需要经验丰富的操作人员来确保准确和迅速。

放血是屠宰过程中的重要环节,有助于减少肉中的血液残留,从而提升肉品的口感和保存期限。在动物致晕后,操作人员会迅速切割其主要血管,如颈动脉或静脉,以允许血液流出,要精确和迅速操作,以确保放血的彻底和有效。

致晕和放血步骤的执行对于保障动物福利至关重要,合理的致晕方法和迅速的放血过程能够最大限度地减少动物的痛苦,也直接关系着肉品的质量,如果放血不彻底,肉中残留的血液会导致肉质变红,影响口感和保存。而致晕方法的不当也可能对肉质造成不良影响。

2.1.1.3　去毛处理

在去毛处理中,常见的传统方法包括热水烫毛和手工拔毛。通过热水烫毛来软化毛发和毛囊,通常使用特定温度的水来浸泡或冲洗动物屠体,使毛发变得容易拔除。这一过程中,水温的控制至关重要,过高的温度可能会导致屠体表面受损,而过低的水温则可能无法有效软化毛发。因此,根据动物种类和毛发的特性,选择合适的水温是关键。手工拔毛要避免损伤屠体的皮肤,以免影响肉品的质量和外观。同时,拔毛的顺序和方法要根据毛发的生长方向和密度进行合理安排,以提高拔毛效率并减少屠体的损伤。由于毛发容易携带污垢和细菌,因此在去毛过程中要保持清洁的工作环境,并定期对工具和设备进行清洗和消毒,以确保肉品的卫生和安全。

2.1.1.4 开膛与内脏处理

在开膛操作中,要选择合适的开膛方法,根据动物种类和屠宰需求,常见的开膛方法有腹开、背开和肋开等。腹开法通常用于需要剁制或切片制作的菜品,其操作简单且广泛应用;背开法适用于整禽制作,能够保持肉品的完整性和美观;肋开法则多用于烤制,能够防止油脂外溢,保持肉品风味。进行开膛时,操作人员要准确掌握刀具的使用技巧,确保一刀切开腹腔,同时避免损伤内脏和其他组织。切开后,应迅速而准确地取出内脏,这一过程中需要注意内脏的完整性和清洁度,以免对肉品造成污染。在内脏处理方面,要根据不同内脏的特性进行分类处理。例如,心脏、肝脏等可食用内脏需要进行清洗和保存,以备后续利用;而胃肠等不可食用部分则需要进行适当的处理,以避免对环境造成污染。

2.1.1.5 胴体分割与修整

在胴体分割阶段,操作人员要对整个胴体结构有深入的了解,明确不同部位的肌肉、骨骼和脂肪分布情况。根据这些信息,操作人员会按照预定的分割方案进行切割,将胴体分解为不同的部位,如前腿、后腿、背部、肋部等。这一过程中,刀具的选择和使用技巧至关重要,以确保分割的准确性和效率。分割完成后,接下来是修整环节,主要目的是去除多余的脂肪、筋膜和其他不需要的部分,使肉品更加美观,并提升其商业价值。在修整过程中,操作人员要特别注意保持整体肉品的形状和完整性,同时避免造成浪费。值得一提的是,胴体分割与修整不仅关乎肉品的外观和质量,还直接影响其市场价值和消费者的购买意愿。因此,这一步骤要求操作人员具备丰富的经验和精湛的技术,以确保最终的肉品能够满足市场需求和消费者的期望。

2.1.1.6 清洗与冷却

清洗的主要目的是去除肉品表面的血渍、污垢和其他杂质,减少细菌和其他微生物的污染,从而保证肉品的卫生质量。在清洗过程中,通常使用清洁的水和专用的清洗剂,确保能够有效地去除附着在肉品上的不洁物质。同时,清洗的水温和时间也需要严格控制,以避免对肉品造成不必要的损害。冷却的主要目的是迅速降低肉品的温度,减缓微生物的生长速度,延长肉品的保质期。同时,适当的冷却可以改善肉品的质地和口感。常见的冷却方法包括风冷和水冷。风冷是通过自然风或强制风来降低肉品温度,这种方法相对温和,但冷却速度较慢。水冷则是将肉品浸入冷水中,冷却速度较快,但需要注意控制水温和浸泡时间,以避免肉品过度吸水或变质。在冷却过程中,温度的控制至关重要。一般来说,肉品需要被迅速冷却至 4 ℃以下,以抑制细菌的生长。此外,冷却时间也需要根据肉品的大小、形状和初始温度进行合理调整,以确保冷却的均匀性和效率。

2.1.2　手工屠宰的优缺点

2.1.2.1　手工屠宰的优点

手工屠宰在操作过程中能够更细致地处理每一个步骤,从而确保肉品的质量。由于操作过程主要依赖人工,操作人员可以根据实际情况灵活调整,这在很大程度上保证了屠宰的精准度和肉品的完整性。相较于机械化屠宰可能出现的标准化切割,手工屠宰更能根据动物体型的差异进行个性化处理,减少肉品的浪费。由于在操作过程中可以更加精确地控制致晕和放血等环节,手工屠宰能够最大限度地减少动物的痛苦,符合现代消费者对动物福利的日益关注。在许多地区,手工屠宰不仅仅是一种技术,更是一种文化的传承和表达。通过手工屠宰,这些地区的传统屠宰技艺得以保存和传播,也为当地的肉品加工行业注入了独特的文化价值。由于不受机械化设备固定参数的限制,手工屠宰可以根据市场需求灵活调整肉品的切割方式和规格,从而更好地满足消费者的多样化需求。

2.1.2.2　手工屠宰的缺点

由于屠宰过程主要依赖人工操作,其处理速度相对较慢,无法满足大规模生产的需求。这种低效率不仅增加了生产成本,还限制了肉类的供应能力,从而可能影响市场价格和消费者的购买体验。虽然手工操作可以更为精细地处理肉类,但人工操作的差异性可能导致产品质量的不稳定。同时,由于缺乏标准化的操作流程,手工屠宰难以保证每一次操作的一致性和准确性,这可能对肉类的口感、质地和营养成分产生负面影响。另外,从卫生和安全的角度来看,人工操作的过程中可能引入更多的污染源,如细菌、病毒等,这增大了肉类受污染的风险。同时,如果操作人员没有接受充分的培训或缺乏必要的卫生意识,可能会进一步加剧卫生问题。这不仅可能对消费者的健康构成威胁,还可能引发食品安全事件,对企业和行业造成重大损失。由于需要雇用大量劳动力进行手工操作,这增加了人力成本。同时,手工屠宰的生产效率低下也导致了更高的时间成本和运营成本。这些成本最终都会转嫁到消费者身上,提高了肉类的市场价格,降低了产品的市场竞争力。

2.2　机械化屠宰技术

2.2.1　屠宰流水线工作原理

2.2.1.1　准备

在进行屠宰准备时,待屠宰的动物先被引导至流水线的起点,为了确保操作的顺利进行,动物会被进行去毛处理,通常通过专业的去毛设备来完成,能够有效地去除动物体表的毛发,为后续的皮肤处理和肉质分割提供便利。紧接着,动物还会进行清洁工作,以去除体表的污垢和其他杂质,对于保证最终产品的卫生质量至关重要,因为清洁的动物体表能够减少细菌和其他污染物的附着,从而降低后续加工过程中的污染风险。此外,在准备阶段还可能包括一些其他的预处理工作,如去除蹄部或进行初步的检查等,这些操作都是为了确保进入下一阶段的动物已经符合屠宰流水线的处理要求。

2.2.1.2　屠宰阶段

在屠宰阶段,已经经过准备阶段处理的动物被传送至专门的屠宰区域。这一区域配备了先进的自动化设备和工具,以确保屠宰过程的效率和安全性。动物会被固定在适当的位置,以确保屠宰操作的稳定性和准确性,随后,使用自动化的切割工具,如电动刀或气动刀等,对动物进行宰杀。这些工具具备高度的精确性和效率,能够快速且准确地完成宰杀过程,最大限度地减少动物的痛苦并保证肉质的质量。在宰杀过程中,通过迅速切开动物的喉部或主要血管,实现快速放血。放血过程中要严格控制时间和切割的深度,以确保放血的彻底和肉质的优化。此外,在屠宰阶段还需要密切关注动物的应激反应和肉质变化。通过合理的操作流程和快速的宰杀方式,可以最大限度地减少动物的应激反应,从而保持肉质的鲜嫩和口感。

2.2.1.3　处理与分割阶段

处理与分割阶段主要完成对屠宰后的动物肉体的精细处理、分割以及肉质评估,专业的操作人员会使用机械设备对肉体进行去内脏、去头等进一步的处理,以确保肉体的清洁和完整性。在这一过程中,操作人员会严格按照卫生标准和操作规程进行,以防止交叉污染和细菌滋生。根据市场需求和产品规格,通过高精度的分割设备,如电动锯、切割机等,将肉体精确地分割成不同的部位,如腿肉、背脊肉、肋排等。这些设备不仅提高了分割的准确率和效率,还降低了人工操作的难度和劳动强度。在分割过程中,还会进行肉质的评估和分级。通过专业的肉质检测设备,对肉体的颜色、纹理、脂肪含量等指标进行检测和评估,以确定肉质的等级和质量。分割好的肉块会被传送至下一阶段进行包装和储存,在传送过程中,会进行严格的质量检验和卫生检测,以确保产品符合相关标准和法规要求。

2.2.1.4 包装与质检阶段

在完成处理与分割阶段后，肉制品会被传送至包装区域。在这里，工作人员会根据产品规格和市场需求进行精确的分拣。每一块肉制品都会被仔细检查和分类，以确保它们符合预定的标准和要求。随后，这些肉制品会被标记，以便于追踪和管理。通常，会选择具有良好阻隔性能和保鲜效果的包装材料，如真空包装袋或气调包装盒。这些材料能够有效地延长肉制品的保质期，并保持其新鲜度和口感。为了增强效率并确保包装的准确性和一致性，屠宰流水线通常会配备自动化包装设备，能够快速地完成肉制品的包装过程，减少人工干预和潜在的污染风险。包装完成后，每一批肉制品都会经过严格的质量检验，包括对产品的外观、色泽、气味以及微生物指标等多个方面进行检查。只有符合质量标准的产品才会被放行，进入市场销售。为了确保产品质量和安全性的可追溯性，屠宰流水线会建立完善的记录和追溯系统。每一批产品的生产信息、质检结果以及销售去向等都会被详细记录，以便在必要时进行追溯和召回。

2.2.2 机械化屠宰的效率与优势

2.2.2.1 机械化屠宰的效率

机械化屠宰线通过自动化的设备和系统，能够实现生猪等家畜的快速处理。例如，在致昏环节，采用电击或气体麻醉方式能迅速使家畜失去意识，减少了挣扎和反抗，从而加速了处理过程。在刺杀放血环节，精确的机械臂操作能确保放血彻底，大大缩短了屠宰时间。机械化屠宰线能够连续、稳定地进行屠宰作业，避免了人工屠宰中可能出现的间断和效率波动。这种连续性不仅提高了整体的生产效率，还有助于保持产品质量的一致性。

2.2.2.2 机械化屠宰的优势

通过标准化的操作流程和精确的机械操作，机械化屠宰能够确保每个环节的处理效果更加一致和稳定，不仅提高了产品的质量，还降低了次品率，满足了消费者对高品质肉类的需求。自动化设备减少了人员与动物的直接接触，降低了疾病传播的风险。同时，通过精确的机械操作，减少了人为因素导致的污染和交叉感染的可能性。此外，机械化屠宰线还配备了先进的检疫检验系统，进一步确保食品安全。尽管机械化屠宰的初期投资较高，但长期来看，其带来的成本效益是显著的，自动化减少了大量的人工成本，且能够应对市场需求的波动，实现灵活生产，从而降低库存成本并提高整体的经济效益。

2.3　智能屠宰技术

2.3.1　智能屠宰系统的基本原理

2.3.1.1　智能控制系统

智能控制系统通过高级算法,如模糊控制、神经网络等,对屠宰流水线上的各个环节进行实时监控与调控。系统首先通过传感器网络收集各环节的数据,如温度、湿度、设备运行状态、肉质变化等,并将这些信息传输到中央处理单元。中央处理单元是智能控制系统的"大脑",接收并分析这些数据,然后根据预设的算法和模型,对屠宰设备的运行参数进行调整。例如,在宰杀阶段,系统会根据动物的体态和生理数据,自动调整刀具的运动轨迹和宰杀力度,以确保肉质不受损伤并最大化屠宰效率。此外,智能控制系统还能进行故障预测和诊断,通过监测设备的运行数据,系统能够及时发现异常情况,并自动调整或报警,以减少生产中断和设备损坏的风险。在数据处理方面,智能控制系统采用高效的数据分析技术,能够实时处理大量的传感器数据,并通过可视化界面向操作人员展示关键指标和警报信息,使操作人员能够快速做出决策。

2.3.1.2　传感器技术

传感器在智能屠宰系统中的主要功能是实时监测和采集数据,包括但不限于动物的体重、体型、体内压力变化,以及屠宰过程中的温度、湿度等环境参数。例如,压力传感器可以用于探测动物体内的血液压力、肌肉张力等信息,从而帮助操作人员更好地掌握屠宰过程中的动物状态。通过传感器采集的实时数据,系统可以及时调整屠宰设备的运行参数,如刀具的运动轨迹、宰杀力度等,以确保肉质不受损伤并提高屠宰效率。这种精准控制不仅提升了产品质量,还降低了人为因素导致的误差和浪费。此外,传感器技术还为智能屠宰系统的故障诊断和预警提供了有力支持,当传感器检测到异常情况时,如设备故障或环境参数超标,系统会立即触发警报并通知操作人员。这种及时的故障预警机制有助于减少生产中断和设备损坏的风险,保障屠宰过程的连续性和稳定性。

2.3.1.3　信息处理技术

在智能屠宰系统中,信息处理技术主要负责对传感器采集的大量原始数据进行处理和分析,包括动物的生理信息、屠宰设备的运行状态、环境参数等。信息处理技术首先对这些数据进行预处理,如滤波、去噪等,以提高数据的质量和准确性。接下来,利用高效的数据分析算法,如数据挖掘和机器学习技术,对预处理后的数据进行深入分析和挖掘。通过这些算法,系统能够自动识别出数据中的模式和趋势,为后续的决策和控制提供有力支持。例如,系统可以根据历史数据预测设备的维护时间,或者根据肉质的实时数据调整屠宰工艺参数,以优化产品质量。通过图形化界面,操作人员可以直观地查看和分析屠宰过程中的各项数据,从而更好地理解系统的运行状态和性能。这种可视化展示不仅增强了操作的便捷性,还有助于及时发现和解决问题。在智能屠宰系统中,大量的数据需要被安全地存储和备份,以确保数据的完整性和可追溯性。同时,为了防止数据泄露和非法访问,信息处理技术还需采用加密和身份验证等安全措施。

2.3.2 肉质评估与分级技术的智能化

2.3.2.1 肉质评估智能化

通过高分辨率摄像头捕捉肉品的表面特征,如颜色、纹理、肌肉纤维结构等。利用图像处理和计算机视觉算法,对这些特征进行提取和分析,从而自动评估肉的新鲜度、嫩度、多汁性等关键指标。近红外光谱等技术能够快速无损地检测肉品中的化学成分,如脂肪、蛋白质、水分等。这些数据为肉质评估提供了量化指标,使得评估结果更加客观和准确。基于大量的肉质数据,构建机器学习模型,如支持向量机(SVM)、神经网络等。这些模型能够学习肉品特征与肉质等级之间的复杂关系,从而实现自动化的肉质分类和评级。在屠宰和加工过程中,通过嵌入传感器来实时监测肉品的温度、pH 等变化,这些数据对于评估肉质的保存状态和新鲜度至关重要。

2.3.2.2 肉质分级技术的智能化

随着消费者对肉质要求的提升,传统的肉质分级方法已无法满足市场需求。智能化的肉质分级技术应运而生,旨在通过先进的技术手段,对肉质进行客观、准确、快速的分级,以提高产品质量和市场竞争力。利用高分辨率摄像头或扫描仪,捕捉肉品的表面图像。通过图像处理技术,提取肉品的颜色、纹理等特征信息,为后续的肉质分级提供数据基础。基于图像处理和计算机视觉技术,对肉品的特征进行量化分析。例如,通过颜色空间转换、边缘检测等算法,提取出与肉质等级相关的关键特征。借助支持向量机、神经网络等机器学习模型,对提取的特征进行分类和识别。这些模型能够通过学习大量样本数据,自动找出特征与肉质等级之间的关联规则。结合行业标准与专家知识,制定科学的分级标准。通过算法将肉品自动划分为不同的等级,如优质、良好、一般等。这些算法能够综合考虑多个特征指标,确保分级的准确性和客观性。通过精确的图像处理和机器学习算法,能够更准确地评估肉质等级。避免了人为因素的主观判断,使肉质分级更加客观。自动化的分级流程大大提高了处理速度,降低了人力成本。

模块四　原材料的商品化处理

项目一　果蔬类采后处理

任务1　果蔬品质鉴定内容

1.1　感观质量

1.1.1　外观特性

果蔬品质鉴定时,果蔬的外观特性主要包括大小、形状状态、颜色和缺陷等方面,直接影响消费者对果蔬的第一印象和购买意愿,见图4-1。

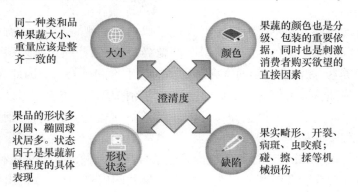

图4-1　果蔬外观特性鉴定

1.1.1.1　大小

一般来说,同一种类和品种的果蔬,其大小和重量应该相对整齐一致,这体现了果蔬的生长均匀性和成熟度。果蔬的大小不仅直接关系着其商品价值,还能反映出果蔬的生长状况、品种特性和栽培管理水平,消费者通常更倾向于选择大小适中、均匀的果蔬,因为这通常意味着果蔬的品质较好,口感更佳。过大或过小的果蔬可能给人留下不良印象,影响销售。适宜的生长环境和科学的栽培管理有助于果蔬形成适中的大小。例如,充足的光照、适量的水分和肥料供应可以促进果蔬的正常生长,使其达到理想的大小。反之,不良的生长环境或缺乏科学的栽培管理可能导致果蔬生长异常,出现过大或过小的情况。随着果蔬的成熟,其大小会逐渐增加,达到一定的稳定状态。因此,通过观察果蔬的大小,可以初步判断其成熟度和适宜的采收时期。同时,大小适中的果蔬在贮藏过程中往往具有更长的保鲜期和更好的耐贮性。

1.1.1.2　形状状态

果蔬的形状是其品种特征的重要体现,不同品种的果蔬,其形状往往具有显著区别,如圆形、椭圆形、长条形等。消费者和经销商通常能够根据形状快速识别果蔬的品种,从而判断其市场价值和食用品质。正常的果蔬形状应该是匀称且符合该品种的特征。形状规则的果蔬更易于堆叠和包装,从而减少在贮藏和运输过程中的损耗。相反,形状不规则的果蔬可能会造成空间浪费,增加破损的风险。从消费者角度来看,形状匀称、规则的果蔬往往更受欢迎,因为不仅看起来更加美观,通常也意味着更好的口感和营养价值。

1.1.1.3　颜色

鲜艳、均匀的颜色往往能激发消费者的购买欲望,而暗淡或斑驳的颜色则可能使产品显得不够新鲜或品质不佳。随着果蔬的成熟,其颜色通常会发生变化。例如,许多水果在成熟过程中会从绿色逐渐转变为红色、黄色或其他颜色。这种颜色的变化不仅为消费者提供了成熟度的视觉指示,还有助于确定最佳的采收时机。颜色也能反映果蔬的营养价值,某些颜色的果蔬可能富含特定的营养素,如深色蔬菜通常含有更多的维生素和矿物质。因此,颜色可以作为评估果蔬营养价值的一个辅助指标。均匀的颜色分布表明果蔬在生长过程中受到了均匀的养分供应和良好的环境条件,而颜色的不均匀则可能意味着生长过程中的某种不均衡或问题。需要注意的是,不同品种的果蔬具有不同的颜色特征,因此在进行颜色评价时应结合具体品种的标准来进行。同时,颜色评价还应综合考虑其他外观特性以及果蔬的内在品质,以得出更全面准确的评价。

1.1.1.4　缺陷

果蔬的外观缺陷包括但不限于畸形、开裂、病斑、虫咬痕以及机械损伤等。这些缺陷可能源于生长过程中的环境问题、病虫害侵袭或采收、运输过程中的不当处理。畸形和开裂可能是由于水分管理不当或生长过快导致的;病斑和虫咬痕则是病虫害防治不足的证据;而机械损伤则可能发生在采收、运输或储存过程中。缺陷会直接影响果蔬的市场接受度,消费者通常更倾向于购买外观完整、无明显缺陷的果蔬,因为这样的产品往往被认为更加新鲜、健康。某些缺陷还可能对果蔬的食用安全性和营养价值产生影响,例如,病斑或虫咬痕可能引入有害微生物或导致营养成分的流失,从而降低果蔬的食用品质。有缺陷的果蔬往往更容易受到微生物的侵染,导致腐烂变质,从而缩短其货架期。在进行果蔬品质鉴定时,应仔细观察产品的外观,识别并记录各种缺陷。对于生产商和销售商而言,了解缺陷产生的原因并采取相应的预防措施是至关重要的。例如,通过改善生长环境、加强病虫害防治、优化采收和运输流程等方式来减少缺陷的发生。

1.1.2　质地特性

质地特性是一个由多个特性因子共同构成的复杂体系,包括软硬、脆绵、致密疏松、粗糙细嫩以及汁液多少等,共同决定了果蔬在食用过程中的口感和触觉体验。软硬特性是果蔬质地的基础表现,主要受到果蔬内部细胞结构和水分含量的影响。一般来说,水分含量高、细胞结构紧密的果蔬呈现出较软的质地,而水分含量低、细胞结构坚实的果蔬则质地较硬。这种软硬特性不仅影响着果蔬的食用口感,还与其贮藏寿命密切相关。脆绵特性描述了果蔬在食用时的口感表现,脆嫩的果蔬在咀嚼时能够迅速崩解,给人一种清爽的口感体验;而绵软的果蔬则咀嚼时感觉柔软细腻。这种脆绵特性与果蔬的纤维含量、细胞壁结构以及果胶等物质的含量有关。致密疏松特性反映了果蔬内部组织的紧密程度,致密的果蔬组织细胞排列紧密,空隙小,使得果蔬在切割或咀嚼时呈现出紧实的口感;而疏松的果蔬组织则相反,细胞排列松散,空隙大,口感相对松散。粗糙细嫩特性关注的是果蔬表面的光滑程度和食用时的细腻感,粗糙的果蔬表面不平整,可能带有颗粒感或纤维感;而细嫩的果蔬则表面光滑细腻,食用时口感更加细腻柔滑。此外,汁液多少特性直接影响了果蔬的多汁口感,多汁的果蔬在食用时能够释放出丰富的汁液,使得口感更加鲜美;而汁液少的果蔬则口感相对干涩。这一特性与果蔬的水分含量、细胞液浓度以及果胶等物质的含量密切相关。值得注意的是,这些特性因子的表达并非孤立存在,而是相互影响、相互制约的。它们共同构成了果蔬独特的质地特性,在销售和消费过程中通过人们的触觉器官如手捏、咀嚼以及机械切割等方式来感知和检验。这种综合感知不仅影响着消费者对果蔬品质的直观判断,还直接关系着果蔬的市场接受度和消费者的食用体验。

1.1.3　气味特性

气味特性主要由多种挥发性芳香物质构成,包括酯、醛、酮、醇、萜以及挥发性酸类等,这些物质共同形成了果蔬特有的气味。这些芳香物质不仅赋予了果蔬独特的风味,还在一定程度上反映了果蔬的成熟度和品质。酯类物质是果蔬香气的重要组成部分,通常具有水果特有的香甜气味,如乙酸乙酯就带有一种典型的果香味。醛类和酮类物质则可能贡献出清新或草本的气味,而醇类物质往往带有一种温暖、甜美的香气。萜类物质则可能给果蔬带来一种独特的松香味或柑橘香。这些挥发性物质的种类和比例不同,形成了各种果蔬独特的气味特征。这些芳香性物质大多与果蔬的成熟度密切相关,随着果蔬的成熟,这些物质的种类和含量会发生变化,从而影响果蔬的气味。例如,某些水果在成熟过程中会产生更多的酯类物质,使得其气味变得更加香甜。因此,通过检测这些芳香物质的变化,可以判断果蔬的成熟度和品质。值得注意的是,果蔬的气味还可能受到外源性异味的影响,这些异味可能来源于果蔬的生长环境、储存条件或加工过程等。例如,果蔬在储存过程中可能因微生物的作用而产生异味,或者在加工过程中可能因高温处理而产生焦煳味等。这些异味会严重影响果蔬的气味品质,因此在品质鉴定时需要特别注意。大多数芳香性物质不仅对果蔬的气味有重要贡献,还可能对果蔬的成熟过程起促进作用,这些物质可能通过调节果蔬内部的生理代谢过程,影响其成熟速度和品质。

1.1.4　滋味特性

滋味特性涵盖了甜、酸、苦、辣、涩、鲜等多种特征滋味及其浓淡程度,是果蔬外在感官属性和内在化学组成的综合反映,对消费者的口感体验和接受度具有重要影响。甜味是果蔬中最为普遍和受欢迎的滋味之一,主要由糖类物质如葡萄糖、果糖等提供。糖类的种类和含量不仅影响甜味的强度和细腻度,还与果蔬的营养价值和能量供给密切相关。酸味主要由有机酸如柠檬酸、苹果酸等贡献。酸味能够增强果蔬的风味复杂性,提高消费者的食欲,也有助于保鲜和防腐。苦味则通常由生物碱或糖苷等物质产生,虽然在一些果蔬中苦味并不明显甚至被避免,但在某些特定种类的果蔬中,如苦瓜,苦味却是其独特的风味特征。辣味主要由辣椒素等化合物提供,在一些果蔬如辣椒中显著存在,为喜欢辛辣口感的消费者所喜爱。涩味常由鞣质(如单宁等酚类物质)引起,这种滋味在某些未成熟的果蔬中较为明显,但随着果蔬的成熟和加工处理,涩味通常会逐渐减弱。鲜味则主要由氨基酸类物质如谷氨酸等提供,为果蔬增添了一种特有的鲜美滋味。这些特征滋味不仅单独影响果蔬的口感,还通过相互之间的协同和拮抗作用,共同构成了果蔬独特而复杂的滋味特性。此外,这些滋味物质的含量和比例也受到果蔬品种、成熟度、生长环境以及采后处理等多种因素的影响。

1.2　营养质量

1.2.1　碳水化合物

果蔬中的碳水化合物主要包括单糖、双糖、多糖等多种形式,这些碳水化合物不仅是人体能量的重要来源,还参与到人体的多种生理活动中。在评价果蔬的碳水化合物时,要关注其总量和各种碳水化合物的比例。果蔬中的单糖和双糖,如葡萄糖、果糖和蔗糖等,具有快速提供能量的作用。这些简单糖类的含量和比例,直接影响果蔬的口感和营养价值。适量的单糖和双糖可以提供甜美的口感,同时满足人体对能量的即时需求。多糖,尤其是淀粉和纤维素,是果蔬中另一种重要的碳水化合物形式,虽然不像单糖和双糖那样容易被人体直接吸收利用,却是维持肠道健康、促进消化和排泄的重要物质。此外,多糖还能提供持久的能量,有助于稳定血糖水平。在鉴定果蔬品质时,碳水化合物的含量和种类是一个重要的评价指标,不同种类的果蔬,其碳水化合物的组成和含量也各不相同。例如,根茎类蔬菜如土豆、胡萝卜等,通常含有较高的淀粉含量,水果中则多以单糖和双糖为主。

1.2.2　维生素

果蔬中含有的维生素种类繁多,每一种都有其特定的生理功能,例如,维生素 A 有助于维持正常的视觉功能,并促进生长发育;维生素 C 则参与体内的氧化还原反应,增强免疫力,并有助于铁的吸收;维生素 E 具有抗氧化作用,可以保护细胞免受自由基的损害。这些维生素在果蔬中的含量因种类和成熟度而异,因此,准确测定各种维生素的含量是评价果蔬营养质量的关键。在鉴定过程中,通常采用科学的方法来测定果蔬中的维生素含量。例如,可以利用光谱分析、色谱分析或电化学方法等来精确测定不同种类维生素的浓度。这些方法的准确性和精密度都经过了严格的验证,能够为果蔬的营养质量评价提供可靠的数据支持。同时,还要注意维生素在果蔬加工和储存过程中的变化,一些维生素,特别是水溶性维生素如维生素 C,在加工和储存过程中容易损失。因此,在评价果蔬的维生素营养价值时,应充分考虑其加工和储存条件对维生素含量的影响。

1.2.3　矿物质

果蔬中含有的矿物质种类多样,包括钙、磷、钾、铁、锌、镁、铜、锰等。这些矿物质在人体内各自扮演着不同的角色。例如,钙是构成骨骼和牙齿的主要成分,也参与神经传导和肌肉收缩等生理过程;铁则是血红蛋白的重要组成部分,关系着氧气的运输;锌则参与多种酶的合成,对细胞分裂和 DNA 合成有重要作用。不同种类的果蔬,其矿物质的含量和比例也各不相同。例如,绿叶蔬菜通常富含钙和铁,而水果中钾的含量则相对较高。这些差异不仅反映了果蔬的生长环境和遗传因素,也提供了多样化的营养来源。在鉴定过程中,准确测定各种矿物质的含量,是评价果蔬营养质量的关键。

1.3 安全质量

1.3.1 农药残留

农药残留的来源主要是农业生产过程中为防治病虫害而使用的各种农药,这些农药施用后,一部分会附着在果蔬表面或渗入内部,造成残留。残留农药的种类和数量取决于农药的性质、使用方法、使用时间以及果蔬的生长周期和采收时间等多种因素。农药残留对果蔬品质和安全的影响不容忽视,一方面,残留农药可能对人体健康造成潜在威胁,如引发疾病、导致过敏反应等;另一方面,农药残留可能影响果蔬的风味和品质,降低消费者的购买意愿。在进行果蔬品质安全质量鉴定时,农药残留的检测是必不可少的环节,目前,常用的农药残留检测方法包括色谱法、质谱法、光谱法等。这些方法能够准确、快速地检测出果蔬中的农药残留种类和含量,为果蔬产品的安全评估提供有力支持。

1.3.2 化工及重金属污染

化工及重金属污染主要源于工业生产、农业活动以及不当的环境管理,可能通过土壤、水源或空气进入果蔬生长环境,进而影响果蔬的品质和安全。化工污染通常指的是由于工业生产过程中排放的有害化学物质对果蔬生长环境造成的污染。这些化学物质可能包括各种有毒有害的有机化合物、无机化合物等,通过渗透土壤、污染灌溉水源等方式进入果蔬生长环境,被果蔬吸收后造成污染。长期食用受化工污染的果蔬可能对人体健康产生严重影响,如致癌、致畸、致突变等。为了检测化工污染,可以采用色谱、质谱等化学分析方法,对果蔬中的有害化学物质进行定性和定量分析。同时,也可以利用生物标志物等方法评估果蔬受到的化工污染程度。重金属污染则是指由于人类活动导致环境中的重金属元素(如铅、汞、镉、铬等)含量超过正常范围,进而对果蔬造成污染。这些重金属元素在果蔬中积累后,不仅会影响果蔬的生长和品质,还会通过食物链进入人体,对人体健康造成极大威胁。例如,铅和镉等重金属在人体内积累后可能导致贫血、肾功能损害等健康问题。为了检测重金属污染,通常采用原子吸收光谱法、电感耦合等离子体发射光谱法等高精度方法进行分析。这些方法能够准确测定果蔬中重金属的含量,为评估果蔬的安全性提供重要依据。

1.3.3 有害微生物及微生物产生的毒素

果蔬在生长、采收、运输和储存过程中,可能会受到各种微生物的污染,包括细菌、霉菌等。这些微生物不仅会影响果蔬的品质和风味,更可能产生有害物质,对人体健康造成危害。例如,某些细菌如沙门氏菌、志贺氏菌等一旦污染果蔬,就可能引发食物中毒等严重问题。微生物产生的毒素也是不容忽视的安全隐患,通常在微生物生长繁殖过程中产生,具有很强的毒性和稳定性,即使微生物被杀死,毒素仍然可能存在于果蔬中。例如,黄曲霉毒素就是一种由黄曲霉菌产生的强烈致癌物质,对人体健康危害极大。为了保障果蔬的品质和安全,必须对有害微生物及微生物产生的毒素进行严格检测。目前,常用的检测方法包括微生物培养法、PCR 检测法、免疫学检测法等,这些方法可以有效地检测出果蔬中的有害微生物和毒素。同时,为了预防和控制有害微生物及毒素的污染,也需要采取一系列措施,如加强果蔬生产过程的卫生管理、使用安全的农药和肥料、合理储存和运输果蔬等。此外,消费者在购买和食用果蔬时,也应注意选择新鲜、无损伤的果蔬,并充分清洗和烹饪,以降低食用风险。

1.3.4　天然的有毒有害物质

某些果蔬自身含有特定的有毒成分,这些成分可能是植物在进化过程中为了保护自身而形成的。例如,一些野生植物含有氰苷,这是一种在特定条件下能释放有毒氢氰酸的物质。虽然日常食用的果蔬中这类物质的含量通常较低,不足以构成威胁,但在某些特定品种或野生植物中,其含量可能较高,因此需要特别注意。果蔬中还可能含有生物碱类有毒物质,生物碱是一类具有复杂环状结构的含氮有机化合物,部分生物碱具有毒性。例如,茄碱(又称龙葵碱或龙葵素)存在于茄子、马铃薯等茄属植物中,如果摄入过量,可能对人体造成危害。因此,在鉴定果蔬品质时,对这类物质的检测也是必不可少的。此外,还需关注果蔬中的有毒酸类成分,如草酸等。这些物质在人体内可能干扰营养物质的吸收和利用,甚至对人体造成损害。例如,草酸能与钙结合形成不易被人体吸收的化合物,从而影响钙的吸收。因此,在果蔬品质鉴定中,对这类物质的含量也需要进行严格把控。除了上述物质外,还有一些其他天然有毒有害物质可能存在于果蔬中,如某些酚类物质等。这些物质可能对人体的消化系统、神经系统等产生不良影响。因此,进行果蔬品质安全质量鉴定时,应对这些物质进行全面检测和分析。

任务 2 果蔬采后商品化处理

2.1 果蔬的预冷与分级

2.1.1 果蔬的预冷

2.1.1.1 空气冷却法

空气冷却法主要通过自然对流或强制通风,使冷空气在果蔬包装箱周围循环,通过对流和传导逐渐降低箱内果蔬的温度。这种方法相对简单且成本较低,因此在果蔬预处理中得到广泛应用。然而,空气冷却法的冷却速度相对较慢。这是因为它依赖于空气与果蔬表面的热交换,而这种热交换效率相对较低。一般来说,采用空气冷却法可能需要数个小时甚至更长时间才能将果蔬温度降低到所需水平。因此,在选择空气冷却法时,需要考虑果蔬的种类、初始温度、目标温度以及可接受的冷却时间等因素。尽管空气冷却法有其局限性,但在某些情况下仍是一种有效的预冷方式。例如,对于耐贮藏的果蔬品种(如苹果、梨、柑橘等),空气冷却法可以在不影响产品品质的前提下,实现缓慢而均匀的降温。此外,在缺乏其他更先进预冷设备的情况下,空气冷却法也可以作为一种临时解决方案。为了提高空气冷却法的效率,可以采取一些改进措施。例如,增加通风设备的功率以加快空气流动速度;合理安排果蔬的堆放方式以增大表面积与空气的接触;保持适当的湿度可以减少果蔬在冷却过程中的水分损失等。

2.1.1.2 水冷却法

水冷却法是利用水的高热容量和导热性能,通过直接将果蔬浸泡在水中或者用冷水喷淋果蔬来迅速降低其温度。由于水的热容量远大于空气,因此水冷却法通常比空气冷却法更加迅速有效。水冷却法可以分为浸渍式和喷淋式两种,浸渍式是将果蔬直接放入冷水中,通过热交换使果蔬迅速降温。这种方法适用于那些不怕水浸的果蔬,如胡萝卜、豌豆等。喷淋式则是通过喷头将水均匀喷洒在果蔬表面,利用水分蒸发时吸收的热量来降低果蔬温度。这种方法适用于更广泛的果蔬种类,特别是那些不宜直接浸泡在水中的果蔬。由于水的热容量大,水冷却法可以迅速将果蔬的温度降低到所需的预冷温度,通常比空气冷却法快数倍。无论是浸渍式还是喷淋式,水都能与果蔬表面充分接触,从而实现均匀降温,避免果蔬因局部温度过高而变质。水冷却法降温迅速且均匀,因此可以有效减少果蔬在预冷过程中的营养损失和品质下降。在应用水冷却法时,要注意控制水的温度和浸泡或喷淋的时间,以避免果蔬因过度冷却而受到损伤。同时,为了提高冷却效率和保持果蔬品质,可以在水中添加适量的保鲜剂或防腐剂。

2.1.1.3　冰冷却法

冰冷却的原理主要是利用冰的融化吸热过程来降低果蔬的温度,当冰与果蔬接触时,冰开始融化并吸收大量的热量,从而使果蔬迅速降温。冰冷却法的实施方式多样,一种常见的方法是将冰块与果蔬一同放入包装箱中,通过冰块的融化来吸收箱内热量,达到降温的目的。另一种方式是将冰水混合物直接注入包装箱中,这样冰水可以直接与果蔬接触,实现更快速的降温效果。由于冰融化时吸收大量的热量,因此冰冷却法可以迅速降低果蔬的温度,特别适用于需要快速预冷的情况,通过迅速降低果蔬温度,可以减缓其呼吸作用和生理活动,从而延长果蔬的保鲜期。由于冰冷却法涉及直接的冰水接触,因此要对包装进行特殊处理,以防止水分渗透和果蔬受损。过度的湿度和冷温可能导致某些果蔬出现病害,因此需要严格控制预冷条件。在实际应用中,为了提高冰冷却法的效率和安全性,应选择适当的包装材料,确保防水性和透气性,严格控制冰块的用量和预冷时间,以避免过度冷却。在预冷前对果蔬进行适当的处理,如清洗和沥干,以减少病害的发生。

2.1.1.4　真空冷却法

真空冷却法基于在一定的压力下,水的沸点随着环境大气压的降低而下降的原理。在真空状态下,果蔬内部的水分迅速蒸发,而蒸发过程需要吸收热量,从而使果蔬的温度迅速下降。这种方法利用了水的相变潜热,即水从液态变为气态时会吸收大量的热量。由于真空状态下水分的迅速蒸发,果蔬可以在较短时间内均匀降温。这种快速的冷却速度有助于保持果蔬的新鲜度和营养价值。虽然真空冷却过程中果蔬会有一定程度的水分蒸发,但失水量通常控制在3%左右,并不会导致果蔬出现萎软或失鲜的情况。真空冷却能够推迟果蔬的呼吸高峰,从而延长其保鲜期。此外,由于在真空状态下进行冷却,还可以有效去除果蔬表面的部分微生物,进一步保证果蔬的品质和安全。真空冷却法适用于多种果蔬的预冷处理,无论是叶菜类还是根果类蔬菜,都能达到良好的冷却效果。

2.1.2　果蔬的分级

果蔬的分级是商品化处理的关键环节之一,依据一定的标准将果蔬进行品质与规格的划分,见图4-2。

2.1.2.1　坚实度

坚实度主要反映果蔬的整体硬度,与果蔬的成熟度、贮藏时间以及品种特性密切相关。一般来说,未成熟的果蔬坚实度较高,随着成熟度的提升,坚实度会逐渐降低。在果蔬分级中,坚实度的考量有助于判断果蔬的新鲜度、口感

图 4-2　蔬菜分级的依据

以及贮藏寿命。例如,某些品种的苹果,坚实度高的可能更加脆甜,而坚实度低的则可能更加软糯。此外,坚实度还影响果蔬的抗压能力和运输过程中的损耗率,因此,在果蔬分级时,通过科学的方法测量坚实度,如冲击力检测、振动频谱分析等,能够更准确地评估果蔬的品质,从而为消费者提供更优质的产品。

2.1.2.2　机械伤

机械伤主要指的是果蔬在采收、运输、贮藏等过程中由于机械力作用而造成的损伤,不仅影响果蔬的外观品质,还可能导致内部结构的破坏,进而影响果蔬的食用价值和贮藏寿命。进行果蔬分级时,机械伤的程度和范围是重要的考量指标,轻微的机械伤可能影响果蔬的美观度,而严重的机械伤则可能导致果蔬的腐烂变质。因此,分级时需要仔细评估机械伤的情况,以确保进入市场的果蔬品质。

2.1.2.3　清洁度

清洁度主要是指果蔬表面的洁净程度,反映了果蔬在生长、采收及后续处理过程中的卫生状况。清洁度直接影响果蔬的外观品质,表面干净、无污渍的果蔬更受消费者欢迎,因为它们给人一种新鲜、健康的感觉。清洁度也关乎果蔬的食用安全,果蔬表面附着的污垢、农药残留或其他有害物质都可能对人体健康构成威胁。因此,在分级时,应对果蔬进行严格的清洁度评估。

2.1.2.4　病虫害

病虫害不仅直接影响果蔬的外观和品质,还可能对果蔬的营养价值和食用安全造成潜在威胁。在分级过程中,病虫害的评估主要关注两个方面:一是病虫害的种类和严重程度,二是病虫害对果蔬造成的实际损害。不同种类的病虫害对果蔬的危害程度不同,因此需要根据具体情况进行评估。同时,病虫害对果蔬的损害也直接影响其分级结果,损害越严重,果蔬的等级越低。

2.1.2.5　大小

果蔬的大小通常以果蔬的尺寸、重量或体积来衡量,分级时,大小被细分为不同的档次,如小号、中号、大号等,以满足市场的多样化需求。这种分级不仅便于消费者根据自己的需求选择合适的果蔬,同时也为果蔬的销售和定价提供了明确的参考。具体来说,果蔬的大小分级有助于实现产品的标准化和分类管理,提高了市场的透明度和交易的公平性。此外,从生产角度来看,大小分级也有助于种植者和销售者更好地了解市场需求,从而调整生产策略,优化资源配置。

2.1.2.6　形状

形状不仅关乎果蔬的外观品质,更与其商品价值和使用价值紧密相连,在分级时,主要评估果蔬的形状是否规整、匀称,是否符合该品种特有的形态特征。规整的果蔬形状往往意味着更高的商品性,更易受到消费者喜爱。例如,苹果若呈现标准的圆形,往往会被视为高品质的象征。形状也反映了果蔬的生长状况和品质。畸形或不规则的果蔬可能意味着生长过程中受到了不良影响,如病虫害或环境压力,从而影响其口感和营养价值。

2.1.2.7　重量

在分级过程中,通过精确测量果蔬的重量,可以将其分为不同的等级,从而满足市场的多样化需求。重量的评估对于消费者和生产者都具有重要意义,对于消费者而言,重量可以作为购买时的一个重要参考指标,帮助选择符合自己需求的果蔬。对于生产者而言,重量分级有助于提高产品的标准化程度,便于定价和销售。重量也是衡量果蔬产量的一个重要指标,对于评估生产效益和制定生产计划具有的重要指导意义。

2.1.2.8　颜色

在分级过程中,颜色的评估通常基于几个方面:一是色泽的鲜艳度和均匀性,这直接关系果蔬的吸引力和商品性;二是颜色是否符合该品种的特征,如某种苹果特有的红色或黄色,这可以反映果蔬的成熟度和品种纯度;三是颜色的变化可以提供果蔬新鲜度、贮藏时间和处理方式的线索。例如,一些果蔬在成熟过程中颜色会发生变化,这可以作为判断其成熟度和最佳食用时期的依据。

2.2　果蔬的包装

2.2.1　包装的作用

2.2.1.1　保持良好的商品状态

合理的包装能够有效地保护果蔬,使其在运输和贮藏期间维持良好的商品状态。特别值得一提的是,包装能够显著减少因挤压、碰撞而造成的机械伤。这种损伤不仅影响果蔬的外观,降低其商品价值,还可能导致内部组织受损,进而影响食用品质和贮藏寿命。通过采用适当的包装材料和设计,可以确保果蔬在运输过程中得到稳固的支撑和缓冲,从而减少外力对果蔬的直接作用。这样一来,果蔬能够更好地保持其原有的形状、颜色和质地,提高消费者的购买欲望和满意度。

2.2.1.2 避免水分的蒸发和病害发生后的蔓延

包装材料具有良好的阻隔性能,可以有效地减缓果蔬表面水分的蒸发,这对于维持果蔬的新鲜度和口感至关重要。水分是果蔬生命活动不可或缺的组成部分,其蒸发会导致果蔬失水、萎缩,进而影响品质。通过包装形成的微环境,能够相对稳定地保持果蔬的水分含量。此外,包装还能在一定程度上阻止病害的蔓延,一旦果蔬发生病害,包装可以作为一道屏障,减缓病害微生物的传播速度,降低其他健康果蔬被感染的风险。这种隔离作用在贮藏和运输过程中尤为重要,因为它能最大限度地减少损失,保证果蔬的整体品质。

2.2.1.3 提高商品率和卫生安全质量

精美的包装能够提升果蔬的外观吸引力,使其更具商品性,从而增强消费者的购买意愿,增加销售量。包装上的标签和说明也能提供更多产品信息,帮助消费者做出购买决策。包装能够有效地保护果蔬免受外界污染和微生物的侵害,从而确保产品的卫生安全。适宜的包装材料和设计可以隔绝污染源,减少果蔬与不良环境的直接接触,降低食品安全风险。此外,通过包装上的日期标注和批次信息,可以追溯果蔬的生产和流通环节,有助于及时发现问题并采取相应措施,进一步提升卫生安全质量管理水平。

2.2.2 果蔬包装与容器的材料具备的基本条件

2.2.2.1 具有保护性

材料应具有一定的机械强度,以便在运输和贮藏过程中能够承受挤压、振动等外力,防止果蔬受到机械损伤,良好的阻隔性能能够有效阻挡外界氧气、水分、微生物等对果蔬的侵害,从而延缓果蔬的新鲜度损失和腐败变质。此外,包装材料还应具备化学稳定性,以避免与果蔬发生不良反应,确保果蔬的食用安全。

2.2.2.2 具有防潮性

防潮性指的是材料能有效阻止或减缓水分通过包装材料渗透,从而避免果蔬受潮。果蔬产品往往含有较高的水分,若包装材料不具备防潮性,外界环境中的湿度变化可能导致包装内部出现凝结水,增加果蔬腐败的风险。同时,防潮性好的包装还能防止果蔬因失水而导致的萎缩和品质下降。特别是在长途运输或长期贮藏过程中,防潮性的重要性更加凸显。

2.2.2.3 具有通透性

防潮性,即材料抵抗水分渗透的能力,对于保护果蔬免受潮湿环境的损害具有关键作用。果蔬产品的高水分含量使其对湿度变化极为敏感,若包装材料的防潮性能不佳,环境湿度的波动可能导致果蔬失水或吸水,进而影响其口感、质地和营养价值。特别是在潮湿的环境中,如果包装材料不具备优良的防潮性,外部湿气容易穿透包装,与果蔬直接接触,这不仅可能引发果蔬的腐败变质,还会加速微生物的生长,对果蔬的贮藏寿命构成严重威胁。同时,在干燥环境中,若包装材料不能有效锁住果蔬内部的水分,又会导致果蔬失水萎缩,品质大幅下降。

项目二　肉类采后处理

任务1　肉类品质鉴定内容

1.1　肉的颜色

1.1.1　肉色与品质的关系

在肉类品质鉴定中,肉色不仅是消费者在选择肉类产品时的重要视觉指标,更是肉质新鲜度、保存状态以及整体品质的直观反映。肉色主要由肌肉中的肌红蛋白和血红蛋白决定,这些含铁蛋白质与氧结合后会呈现特定的颜色。正常的肉色,如鲜红色或粉红色,通常表明肉质较为新鲜,氧化程度较低。这种色泽对消费者而言具有极大的吸引力,因为它暗示着肉品的高品质和良好的保存状态。肉色的变化往往反映了肉质的保存状态和新鲜度,例如,当肉暴露在空气中过久,氧合肌红蛋白会氧化成高铁肌红蛋白,导致肉色变暗,这是肉质开始老化的一个明显标志。同样,如果肉色出现不均匀或有异常色泽,如发黑、发黄或出现斑点等,可能意味着肉质已经受到污染或变质。肉色与其他品质指标如气味、质地等密切相关,例如,新鲜的肉类通常具有鲜明的红色或粉红色,并且伴有一种特有的新鲜肉香,质地也相对较鲜嫩。相反,如果肉色暗淡,往往伴随着不良的气味和质地的变化,如发臭、发硬等,这些都是肉质品质下降的表现。此外,肉色还是判断肉质是否存在异常的重要依据。例如,在某些疾病或药物残留的情况下,肉质可能会出现异常的色泽变化,这些变化不仅影响肉品的商品价值,更有可能对消费者的健康构成威胁。

1.1.2 影响肉色的因素

第一,氧合作用。肌红蛋白是肉类颜色的主要决定因素,当它与氧气结合时,会形成氧合肌红蛋白,赋予肉类鲜亮的红色。然而,当肉品长时间暴露在空气中,氧合肌红蛋白会逐渐氧化,转化为高铁肌红蛋白,这一过程会导致肉色显著变暗,影响肉品的视觉吸引力。

第二,年龄。随着动物年龄的增长,其肌肉纤维和肌红蛋白的含量与性质可能发生变化,这些变化通常表现为肉色的加深。年长的动物,其肉质可能呈现出更深的红色调,这与年轻动物的肉质形成鲜明对比。

第三,贮藏条件。冷藏、冷冻和真空包装等不同的贮藏方式会导致肉色产生差异。例如,在真空包装条件下,由于环境缺氧,肉类表面往往会呈现出暗红色。这是因为缺氧抑制了肌红蛋白的氧合作用,使得肉色偏向暗红。另一方面,冷冻贮藏的肉类,在长时间的低温保存过程中,肌红蛋白的氧化程度会逐渐增高,导致肉色由初始的鲜红色逐渐转变为红褐色。这种变化不仅影响了肉品的外观,也可能对消费者的购买意愿产生影响。

1.2 肉的嫩度

1.2.1 嫩度的定义与重要性

肉的嫩度通常指的是肉在食用时易于切割和咀嚼的程度,以及咀嚼后肉渣的剩余量。嫩度是评价肉制品食用物理特性的重要指标,反映了肉中各种蛋白质的结构特性和肌肉纤维的状态。嫩度直接影响肉的口感和风味,是决定肉类食用价值和商品价值的关键因素之一。消费者对肉品的嫩度有着极高的要求,嫩度好的肉品更受市场欢迎,因此嫩度也是肉类产品市场竞争力的重要体现。

1.2.2 嫩度的影响因素

不同品种的动物,其肉质嫩度存在差异,是由遗传特性决定的。年幼的动物的肉质通常较嫩,因为肌肉纤维尚未充分发育,而年老动物的肉质则相对较老。饲养环境和管理水平对肉质嫩度有显著影响,合理的饲养条件可以促进肉质嫩化。屠宰过程中的切割方式、熟化时间等都会影响肉质的嫩度。不同的烹饪方法对肉质嫩度有影响,适当的烹饪方式可以保持或提升肉质的嫩度。

1.3 保水性能

1.3.1 保水性能的定义与重要性

保水性能,也称为保水性、系水力或持水性,是指肉在加工、贮藏或烹饪过程中保持其原有水分的能力。这种能力对于维持肉品的质地、口感和营养价值至关重要。保水性能直接影响肉品的嫩度、多汁性和口感,是评价肉制品质量的重要指标。良好的保水性能有助于保持肉品的营养价值,减少烹饪过程中的水分损失,使肉品更加鲜美可口。在肉类加工过程中,保水性能的好坏也直接影响产品的产量和经济效益。

1.3.2 保水性能的影响因素及测定方法

1.3.2.1 影响因素

肉的 pH 接近等电点时(如 pH 5.0~5.4),静电荷数达到最低,这时肉的保水性也最低。因此,控制肉的 pH 对于提高保水性能至关重要。适量的食盐和磷酸盐可以增强肉的保水性。例如,磷酸盐可以通过提高肉的 pH、与肌肉中结构蛋白结合以及增加肉离子强度等方式来增强保水性。畜禽的种类、年龄、性别以及肌肉部位都会影响肉的保水性。一般来说,年幼动物的肉质保水性相对较好。加工过程中的滚揉、斩拌等操作以及贮藏条件(如温度、湿度等)都会对肉的保水性产生影响。合理的加工和贮藏条件有助于保持肉品的保水性。

1.3.2.2 测定方法

加压重量法是一种常用的测定肉品保水性的方法,通过施加一定的压力,测量肉样在加压前后的重量变化,从而计算出失水率和保水性。失水率越高,保水性越低;反之,则保水性越好。这种方法简单易行,能够客观地评价肉品的保水性。除了客观测定方法外,还可以通过感官评价来评估肉品的保水性。例如,观察肉品在烹饪过程中的水分流失情况、品尝肉品的口感和多汁性等。这种方法虽然具有一定的主观性,但能够真实反映消费者对肉品保水性的感受。

1.4 肌肉脂肪含量

1.4.1 肌肉脂肪含量的定义及其对肉品质的影响

肌肉脂肪含量指的是肌肉组织内的脂肪含量,这一指标与肉品的口感、风味和多汁性密切相关。它不同于肉眼可见的脂肪,而是需要通过化学分析方法来提取和测定的。适量的肌肉脂肪能够增强肉品的口感和多汁性。脂肪在烹饪过程中融化,使得肉质更加鲜嫩多汁。同时,脂肪也是风味物质形成的重要前体,对于肉品的整体风味有显著影响。肌肉脂肪是合成风味物质的前体物质,在加热过程中,脂肪会发生热氧化反应,生成挥发性的醛、酮、酸等羰基化合物。这些化合物进一步反应生成内酯化合物,从而产生良好的肉香味。

此外,脂肪细胞中含有的脂溶性风味物质在加热时也会释放挥发性物质,有助于改善肉品风味。肌肉脂肪的存在对肉质的嫩度也有积极影响。适度的脂肪含量可以使肉质更加柔嫩,增强肉品的可食用性。

1.4.2 肌肉脂肪含量的测定方法

重量法是一种基本的脂肪测定方法,通过称量样品在提取脂肪前后的重量变化,计算出脂肪含量。这种方法较为简单,容易操作,但可能受到水分等其他因素的影响。化学分析法通过特定的化学反应来测定脂肪含量,如酸-碱抽提法、索氏抽提法等。这些方法能够更精确地测定脂肪含量,但需要专业的实验设备和操作技术。仪器分析法利用先进的仪器设备,如气相色谱法、核磁共振法等来测定肌肉脂肪含量。这些方法具有高精度和高灵敏度,但成本相对较高。在选择测定方法时,需根据具体需求和实验条件进行选择。同时,为保证测定结果的准确性,应严格遵守操作规程,并定期进行方法验证和校准。

任务 2　肉类商品化处理

2.1　肉类的预冷与分割

2.1.1　肉类的预冷

2.1.1.1　两段冷却

两段冷却的基本原理是基于肉类在屠宰后体温较高,需要通过预冷来迅速降低内部温度,以保持肉质新鲜并延长保质期。这一过程通常分为两个阶段:第一阶段是快速冷却,旨在将肉类的温度迅速降至一定水平;第二阶段是缓慢冷却,以确保肉质在达到适宜贮藏温度的同时,避免因过快冷却而导致的肉质变硬或失水过多。

在具体应用中,两段冷却的操作通常如下:第一阶段,采用强制通风、冷水浸泡或真空预冷等方法,迅速将肉类的温度从初始的 35~40 ℃ 降低至中心温度约 15 ℃。这一阶段的目标是快速去除肉类表面的热量,并减缓细菌繁殖速度。第二阶段,则采用较为温和的冷却方式,如使用冷藏室或调整冷却设备的温度,使肉类的温度逐渐降至 0~4 ℃ 的贮藏温度。这一阶段的重点是避免过快冷却导致的肉质损伤,同时确保肉类在贮藏过程中保持良好的品质和口感。两段冷却的优势在于其能够兼顾预冷效率和肉质品质,通过第一阶段的快速冷却,有效抑制了微生物的生长和繁殖,为肉类的长期保存奠定了基础。而第二阶段的缓慢冷却确保了肉质不会因过快降温而变硬,从而保持了肉类的嫩度和多汁性。此外,两段冷却方法在实际操作中还具有灵活性和可调整性。

根据肉类的种类、大小以及贮藏需求，可以调整两个阶段的冷却时间和温度设置，以达到最佳的预冷效果。

2.1.1.2　压差预冷

压差预冷，又称为强制通风冷却，其基本原理是利用抽风扇在包装箱两侧造成压力差，迫使冷风通过包装箱上的通风孔进入并与产品直接接触，从而实现快速且均匀的冷却效果。在这一过程中，冷风由包装箱的一侧通风孔进入，与产品直接接触换热后，从另一侧通风孔排出，同时带走产品内部的热量。在实施压差预冷时，有几个关键因素需要考虑：一是产品的排列方式，必须确保包装箱两侧能够形成有效的压差，以便冷风能够顺畅地通过产品；二是包装箱的设计，要能够让冷风顺利通过并与产品充分接触。此外，为了保持预冷效果，空气必须维持在一定的低温，并且空气的相对湿度也应维持在较高水平，通常建议在90%以上。压差预冷的优势在于其设备相对简单。与传统的预冷方法相比，压差预冷能够更快速、更均匀地降低产品的温度，从而有效延长产品的保质期。然而，这种方法也存在一些局限性，如降温速度可能较其他某些方法慢，且在某些产品上可能会造成一定程度的失水。

2.1.1.3　冷冻预冷

在肉类的预冷技术中，冷冻预冷是一种特殊的预冷方法，其基本原理是通过将肉类置于较低的温度环境中，使其温度迅速降低至冰点以下，以达到预冷和初步保存的目的。在冷冻预冷过程中，温度控制至关重要，通常，这一过程要将肉类放置在温度极低的冷冻室内，确保温度降至−18 ℃以下，甚至更低。在这样的低温环境下，肉类的温度会迅速下降，有效地抑制微生物的生长和繁殖，从而延长肉类的保质期。然而，冷冻预冷也存在一些技术挑战和问题，冷冻过程中冰晶的形成可能对肉类的组织结构造成一定的破坏，影响肉质的口感和营养价值。为了减轻这种影响，可以采取快速冷冻的方法，减少冰晶形成的时间和大小。冷冻预冷后的肉类在解冻过程中也要注意，以避免肉质因解冻不当而变得干燥、粗糙。此外，冷冻预冷还要考虑能源消耗和设备成本等因素，维持低温冷冻室需要消耗大量的能源，专门的冷冻设备也增加了初期的投资成本。

2.1.2　肉类的分割

2.1.2.1　后腿部细分割

在肉类商品化处理中，后腿部的细分割涉及解剖学知识、肉质特性、市场需求以及加工技术的综合应用。后腿部的细分割不仅关乎肉品的最终品质，也直接影响肉制品的市场价值和消费者的食用体验。后腿部的细分割要求操作者对动物的骨骼结构和肌肉分布有深入的了解，由于后腿部位包含多个肌肉群和骨骼,因此,分割时需要准确识别并分离出各个肌肉部分,如臀大肌、半腱肌、半膜肌等。在这一过程中,解剖学的知识显得尤为重要,能够帮助操作者精确地按照肌肉的纹理和走向进行切割,从而确保每一块肉都尽可能地保持其完整性。不同部位的肉质在口感、脂肪含量和纤维结构上都有所差异。因此,在分割过程中,需要根据肉质的硬度和脂肪含量来调整切割的角度和力度,以保证分割出的肉块在烹饪后能够达到最佳的口感。

不同的消费者对于肉品的需求各不相同,有些人偏好瘦肉,有些人则更喜欢带有一定脂肪含量的肉块。因此,在分割时,需要根据市场需求来调整切割的策略,以满足不同消费者的口味偏好。现代化的加工设备如电动锯、精密刀具等,都能够提高分割的精确度和效率。同时,操作者的技术水平也直接影响分割的结果。一个经验丰富的操作者能够更准确地判断肉质的纹理和走向,从而切割出更加符合市场需求的肉块。此外,后腿部细分割还需要注意卫生和安全问题。在分割过程中,必须确保操作环境的清洁卫生,避免细菌污染。同时,操作者也需要佩戴适当的防护装备,以防止在切割过程中受伤。

2.1.2.2 肩胛部细分割

肩胛部位由于其独特的肌肉结构和骨骼布局,细分割时既要考虑到肉质的保持,也要兼顾切割效率与产品美观。肩胛部位的肌肉组成复杂,包括冈上肌、冈下肌、前臂筋膜张肌等多个部分,这些肌肉的纹理、脂肪含量和纤维长度都各不相同。因此,在进行细分割时,操作者需要对每一块肌肉的走向和分布有清晰认识,以便准确地沿着肌肉纤维的方向进行切割,这样不仅可以保证肉质的嫩度和口感,还能最大化地减少肉质的损伤。

在细分割过程中,刀具的选择和使用至关重要,不同类型的刀具适用于不同的切割任务,例如,锐利的剔骨刀适合去除肩胛骨和周围的软骨,而细长的切片刀更适合精细地分割肌肉部分。操作者需要根据切割的具体需求灵活选用刀具,确保每一次切割精准无误。此外,肩胛部位的细分割还要考虑到市场需求,不同的消费者对于肩胛肉的需求各异,有的可能偏好瘦肉多的部分,如颈背肌肉(Ⅰ号肉),而有的则可能更喜欢带有一定脂肪含量的部位,如肩胛上肩胛肉块。因此,在细分割时,要根据市场的反馈来调整切割策略,以满足不同消费者的需求。

2.2 肉类的包装

2.2.1 包装材料的选择与应用

2.2.1.1 塑料包装材料

在肉类包装领域,塑料包装材料因其独特的物理和化学性质,已成为行业内的主流选择。塑料包装材料的应用广泛,主要得益于其良好的阻隔性能、稳定的化学性质以及加工成型的便利性。从阻隔性能角度来看,塑料包装材料如聚乙烯(PE)、聚丙烯(PP)等,能有效阻隔氧气、水分等外界因素,为肉类产品提供一个相对封闭、稳定的环境。这种阻隔性不仅有助于延长肉类的保质期,还能在一定程度上保持肉品的新鲜度和口感。特别是在真空或气调包装中,塑料材料的阻隔性能更是发挥了至关重要的作用。塑料包装材料的化学稳定性也是其被广泛应用的重要原因,在肉类加工、运输和储存过程中,可能会遇到各种环境条件,如温度变化、湿度波动等。塑料包装材料能够在这些条件下保持稳定的化学性质,不会因环境因素的改变而释放出有害物质,从而保证了包装内肉类产品的安全性。通过注塑、吹塑等成型技术,可以生产出各种形状和规格的包装容器,以满足不同肉类产品的包装需求。同时,塑料材料的轻便性也使得包装后的肉类产品更便于运输和储存。

2.2.1.2　阻隔性更好的材料

阻隔性更好的材料对于确保产品品质与延长保质期具有至关重要的作用,这类材料以其出色的阻隔氧气、水分、微生物等外界因素的能力,为肉类产品提供了更高级别的保护。阻隔性更高的材料,如聚偏二氯乙烯(PVDC)或乙烯-乙烯醇共聚物(EVOH),在阻隔性能上表现卓越。这些材料拥有极强的氧气和水蒸气阻隔能力,能够显著减缓肉类的氧化过程和水分流失,从而维持肉品的新鲜度和口感。特别是在需要长期保存或进行特殊加工的肉类产品中,这类材料的应用显得尤为重要。此外,阻隔性更好的材料还具备优异的耐油、耐化学腐蚀等特性,使得它们在面对肉类加工和储存过程中可能出现的各种复杂环境时,能够保持稳定的性能。这些材料不仅能有效防止外部污染物的侵入,还能在一定程度上减少内部肉品成分的迁移和损失,确保产品的品质和营养价值。然而,阻隔性更好的材料通常也伴随着更高的成本。因此,在选择这类材料时,需要综合考虑产品的定位、市场需求以及成本控制等多方面因素。

2.2.1.3　环保型包装材料

环保型包装材料在肉类包装领域的应用是响应全球可持续发展和环保理念的重要体现,这类材料旨在减少对环境的影响,同时在确保肉类产品品质和安全性的前提下,实现包装的环保化。传统的塑料包装材料往往难以降解,给环境带来长期污染。而环保型材料,如聚乳酸(PLA)或淀粉基生物降解塑料,能够在自然环境中较快地分解,减少对土壤和水源的污染。这种可降解性不仅降低了环境负担,也符合当前及未来包装材料的发展趋势。许多环保材料来源于可再生资源,如竹子、玉米淀粉等。这些材料不仅可持续利用,而且减少了对有限石油资源的依赖,从而实现了资源的合理利用和循环经济。与传统的塑料包装相比,环保材料的生产过程往往更加节能、低碳,减少了对环境的污染。这体现了从源头控制污染、实现绿色生产的理念。在肉类包装中,环保型包装材料的应用也面临一些挑战。例如,如何确保环保材料在阻隔性能、耐油耐水性能等方面与传统塑料包装相媲美,同时保持成本的可控性。

2.2.2 包装技术的发展与创新

2.2.2.1 真空与气调包装技术

在肉类包装技术的发展过程中,真空与气调包装技术以其独特的保鲜机制成为行业内备受瞩目的技术,这两种技术通过调控包装环境的气体成分,有效延长肉类的保质期,同时保持其品质与口感。真空包装技术通过排除包装内的空气,创造一个低氧或无氧的环境,从而抑制微生物的生长和繁殖。这种技术显著减缓了肉类的氧化速度,使产品能够在更长时间内保持其原有的色泽、香味和营养价值。真空包装还有助于防止产品变形,使肉类在储存和运输过程中保持整齐的外观。然而,真空包装也存在一定的局限性,它主要针对有氧细菌有效,对于无氧和兼性细菌则效果有限。气调包装技术则通过替换包装内的气体,通常使用氮气、氧气和二氧化碳的混合气体,以达到特定的保鲜效果。这种技术不仅能够抑制有氧细菌的生长,还能对无氧和兼性细菌产生抑制作用。通过精确控制包装内的气体比例,气调包装能够保持肉类的新鲜色泽、口感和营养价值,同时延长产品的保质期。与真空包装相比,气调包装在保持产品原有形状和外观方面更具优势,且对肉类的挤压变形、口感下滑等问题有较好改善。

2.2.2.2 智能包装技术

智能包装技术,作为现代科技与包装产业的完美结合,为肉类包装带来了革命性的变革,这项技术不仅显著增强了包装的功能性,还为肉类产品的新鲜度、安全性和消费者交互提供了全新的解决方案。智能包装技术的核心在于其集成了多元知识基础,包括传感器技术、信息技术、材料科学等多个领域。通过创造性设计和人本位思想,智能包装赋予了商品更高的亲和力,并简化了商务信息的交互方式。

进行肉类包装时,智能包装技术的应用主要体现在以下几个方面:智能包装技术能够实时监测和记录肉类的储存环境,包括温度、湿度、气体成分等关键参数,得益于内置于包装中的微型传感器,能够精准地捕获环境变化,并通过无线传输将数据发送到用户的手机或电脑上。这样,消费者和供应链管理者可以随时了解产品的状态,确保肉类在整个流通过程中都处于最佳保存条件。

　　智能包装技术为肉类产品提供了更高级别的安全性,通过集成 RFID 标签、防伪码等技术手段,智能包装可以有效防止产品被篡改或伪造。同时,一旦包装内的环境参数超出安全范围,智能系统会立即发出警报,提醒相关人员采取必要措施,从而确保肉类的品质和安全性。此外,智能包装技术还极大地增强了消费者与产品之间的交互性,通过扫描包装上的二维码或 NFC 标签,消费者可以轻松获取产品的详细信息,包括生产日期、保质期、营养成分等,这种透明的信息展示方式不仅增强了消费者的信任感,还提供了更加个性化的购物体验。

模块五　冷链仓储管理

项目一　冷链仓储设施与设备的管理

任务1　冷库设施

1.1　冷库概述

1.1.1　冷库的定义与分类

1.1.1.1　冷库的定义

冷库是机械冷藏的主体建筑,另外包括生产辅助用房和生活辅助用房等。

1.1.1.2　冷库的类型

根据冷库的建造方式,冷库主要分为三类:

(1)土建式冷库。建筑物主体一般为钢筋混凝土框架结构或混合结构。土建冷库的围护结构属重体性结构,热情性较大,库温易于稳定。土建冷库是目前我国冷库的主要类型。

(2)装配式冷库。装配式冷库(如图5-1)是由预制的库板拼装而成的冷库,又称组合式冷库。库体为钢框架轻质预制隔热板装配结构,其承重构件多为薄壁型钢材制作。除地面外,所有构件是按统一标准在专业工厂预制,在工地现场组装。

装配式冷库的特点:组装周期短,投产使用快;结构简单,能反复拆卸,运输方便,便于移动;密封性良好;具有良好的防火性能和防水性能。

(3)其他分类方法

①按冷库的建筑层数分:单层冷库和多层冷库。

②按储藏的商品分:禽肉类冷库、蛋品冷库、水产冷库、果蔬冷库、冷饮品冷库、茶叶及花卉冷库等。

③按冷库制冷设备选用工质分:氨冷库和氟里昂冷库 。

④特殊冷库:医药储藏库、生物制品储藏库、化工原料库、实验室冷库、试剂储藏库等。

图 5-1 装配式冷库

⑤按冷藏级别分:L 级冷库,D 级冷库和 J 级冷库 。

1.1.2 库的作用与应用领域

冷库具有延长物品保质期、保持物品新鲜度的作用,广泛应用于食品、医药、农产品、科研等多个领域。在食品行业,冷库可以保证肉类、水产、果蔬等食品的新鲜度,避免食品浪费;在医药行业,冷库可以储存疫苗、生物制品等需要低温保存的药品;在农产品领域,冷库有助于实现农产品的错峰销售,提高农民收入。

1.1.3 冷库发展历程及现状

冷库技术的发展始于 19 世纪末,当时主要应用于啤酒、肉类等食品的储存。随着制冷技术的不断进步,冷库在我国逐渐得到广泛应用。近年来,我国冷库行业取得了显著的发展成果,不仅在规模上有了大幅提升,而且在技术、设备、管理水平等方面也取得了长足进步。目前,我国冷库行业正朝着智能化、绿色化、高效节能的方向发展,为保障食品安全、促进农产品流通发挥着越来越重要的作用。然而,与发达国家相比,我国冷库行业在人均占有量、技术水平、运营管理等方面仍有一定差距,未来发展潜力巨大。

1.2 冷库设计原则与要求

1.2.1 冷库设计的基本原则

冷库设计应遵循以下基本原则:第一,确保食品安全,符合国家相关法律法规和标准;第二,充分考虑使用功能和操作便利性,满足货物储存、装卸、运输等需求;第三,注重节能环保,降低能耗,提高能源利用率;第四,充分考虑冷库的可持续发展,便于后期扩建和改造。

1.2.2 冷库设计的具体要求

冷库设计需要满足以下具体要求:第一,合理确定冷库规模和结构,满足储存货物的需求;第二,选用合适的制冷设备,确保制冷效果稳定可靠;第三,合理布局冷库内部空间,提高货物周转效率;第四,保证冷库内温度均匀,避免出现局部过冷或过热现象;第五,充分考虑排水、通风、消防等配套设施,确保冷库安全运行。

1.2.3 冷库的注意事项

1.2.3.1 防止水、气渗入隔热层

库内的墙、地坪、顶棚和门框上应无冰、霜、水,要做到随有随清除。没有下水道的库房和走廊,不能进行多水性的作业,不要用水冲洗地坪和墙壁,库内排管和冷风机要定期冲霜、扫霜,及时清除地坪和排管上的冰、霜、水。

1.2.3.2 防止因冻融循环把冷库建筑结构冻酥

高、低温库房,不能随意变更(装配式冷库除外);冻结间和低温间应在5 ℃以下,高温间在露点温度以下。

1.2.3.3 防止地坪(楼板)冻臌和损坏

冷库的地坪(楼板)在设计上都有规定,能承受一定的负荷,并铺有防潮和隔热层;如果地坪表面保护层被破坏,水分流入隔热层,会使隔热层失效;每个库房都要核定单位面积最大负荷和库房总装载量。

1.3 冷库建筑结构

1.3.1 冷库建筑的特点

冷库建筑作为特殊的工业建筑,具有以下显著特点:第一,冷库建筑具有较大的空间容积,以满足不同类型货物的储存需求;第二,冷库建筑对温度、湿度、空气质量等环境参数有较高要求,以保证储存货物的品质;第三,冷库建筑具有较高的安全性能,包括防火、防爆、抗震等方面;第四,冷库建筑在设计上注重节能,以降低运营成本。

1.3.2　冷库建筑的基本结构

冷库建筑的基本结构包括以下几个方面:第一,基础结构,用于支撑整个冷库建筑的重量,通常采用钢筋混凝土结构;第二,主体结构,包括墙体、柱子、梁、板等,主要承担着建筑的受力功能,冷库建筑的主体结构要求具有较高的承载能力和良好的密封性能;第三,屋面结构,通常采用轻钢结构或钢筋混凝土结构,并设置保温层以降低热损失;第四,门窗结构,要求具有良好的密封性能和保温性能。

1.3.3　冷库建筑材料的选用

1.3.3.1　保温材料的选择与应用

在冷库建筑中,保温材料的选择至关重要,它直接影响冷库的能耗和效率。理想的保温材料应具备高热阻值,这意味着材料能有效阻隔内外热量的交换,从而减少能源的消耗。同时,良好的防火性能和化学稳定性也是必不可少的,以确保冷库的安全运行和材料的持久耐用。聚氨酯、聚苯乙烯和岩棉等材料因其出色的保温效果和稳定性而广受青睐。这些材料的选用不仅能提升冷库的保温性能,还能在一定程度上降低运营成本。

1.3.3.2　外墙材料的考量与选取

冷库的外墙是抵御外界环境的第一道屏障,因此其材料的选用尤为关键。外墙材料需具备高强度,以承受各种外界压力和挑战;耐候性则保证了材料在各种气候条件下都能保持稳定的性能;而美观性则是提升冷库整体形象的重要因素。玻璃棉、挤塑板和铝塑板等材料因其强度、耐候性和美观性的综合表现,常被用作冷库的外墙材料。这些材料的选用不仅增强了冷库的实用性,也提升了其整体的美感。

1.3.3.3　屋面材料的特性与选择

冷库的屋面是保护建筑内部免受雨水和其他环境因素侵扰的关键部分。因此,屋面材料的防水、防潮和保温性能至关重要。防水卷材能有效防止水分渗透,挤塑板则提供了良好的保温效果,而轻钢屋面板则以其高强度和耐久性著称。这些材料的组合应用,确保了冷库屋面的功能性和耐久性,为冷库的长期稳定运行提供了有力保障。

1.3.3.4　门窗材料的密封与保温要求

在冷库中,门窗是热量交换的薄弱环节,因此其材料的密封性和保温性尤为重要。断桥铝型材因其出色的隔热性能和强度而常被选用;中空玻璃则提供了良好的保温和隔音效果;密封条则确保门窗的紧密闭合,减少热量流失。这些高性能材料的选用,大大提升了冷库门窗的保温效果,降低了能耗,也增强了整体结构的稳定性和耐用性。

1.4 冷库保温与节能技术

1.4.1 冷库保温材料及其性能

冷库保温材料是决定冷库保温效果的关键因素,其性能直接影响着冷库的能耗和运行成本。目前,常用的冷库保温材料有聚氨酯、聚苯乙烯、聚丙烯等。这些材料具有优良的绝热性能、抗湿性能和耐腐蚀性能,能够有效降低冷库内外温差,减少热量传递。其中,聚氨酯保温材料因其导热系数低、密度小、施工方便等特点,在冷库保温领域得到了广泛应用。

1.4.2 冷库保温结构设计

1.4.2.1 保温层厚度的合理确定

在冷库保温结构设计中,保温层厚度的确定是至关重要的环节。这一厚度的选择并非随意,而是需要根据冷库的使用温度、所在地区的气候条件以及冷库的规模和使用频率等多个因素进行综合考虑。若保温层过薄,可能会导致保温效果不佳,使得冷库内温度波动较大,进而影响储存物品的质量。反之,若保温层过厚,虽然保温效果会更好,但也会增加建设成本,并可能造成资源浪费。因此,设计师需要在进行充分的热工计算和模拟分析后,才能合理确定保温层的厚度,以找到保温效果与经济性之间的最佳平衡点。

1.4.2.2 保温材料的恰当选择

保温材料的选择对于冷库保温结构设计同样重要。不同的保温材料具有不同的导热系数、抗压强度、吸水率等性能,这些性能将直接影响冷库的保温效果和使用寿命。在设计过程中,设计师应根据冷库的不同部位(如外墙、屋顶、地面等)以及特定的使用需求来选择合适的保温材料。例如,对于外墙保温,可能需要选择具有较高抗压强度和良好耐候性的材料;而对于地面保温,则可能需要更注重材料的防潮性能。通过精心挑选和搭配不同的保温材料,可以确保冷库在各个部位都能达到最佳的保温效果。

1.4.2.3 结构设计的连续性与完整性

在冷库保温结构设计中,结构设计的连续性和完整性是确保保温效果的关键。为了实现这一目标,设计师需要采用合理的结构形式,如聚氨酯喷涂、聚苯乙烯板等。这些结构形式不仅具有良好的保温性能,还能确保保温层的连续性和完整性,从而有效防止热量通过缝隙或断裂处渗透进冷库内部。此外,设计师还需要注意结构细节的处理,如提升保温层与基层之间的黏结强度、设置合理的伸缩缝等,以进一步提升冷库的保温效果和耐久性。通过这些精心的结构设计措施,可以确保冷库在长期使用过程中始终保持良好的保温性能。

1.4.3 冷库节能技术及其应用

1.4.3.1 制冷系统优化的重要性

制冷系统是冷库运行的核心,其效率的高低直接影响冷库的能耗。为了提高制冷系统的运行效率,选用高效节能的制冷压缩机、膨胀阀等设备成为关键。这些高效设备不仅可以提高制冷效果,还能显著降低能耗。此外,定期对制冷系统进行维护和保养,确保其处于最佳工作状态,也是降低能耗的重要环节。通过优化制冷系统,我们可以实现冷库的高效运行,从而降低运行成本。

1.4.3.2 智能控制系统的应用

随着科技的发展,智能控制系统在冷库节能方面发挥着越来越重要的作用。通过采用先进的自动控制技术,我们可以实时监控和调节冷库的温度、湿度等参数。这种智能控制系统能够根据实际需求自动调整制冷设备的运行状态,避免不必要的能耗。它还可以及时发现并解决潜在的问题,确保冷库的稳定运行。智能控制系统的应用,不仅提高了冷库的节能性能,还提升了冷库管理的智能化水平。

1.4.3.3 蓄冷技术的优势

蓄冷技术是一种有效的节能手段。它利用低谷电时段进行制冷,将冷量储存于蓄冷设备中。在高峰电时段,蓄冷设备可以释放储存的冷量,从而减少制冷设备的运行时间。这种技术不仅可以降低电费支出,还能减轻电网的负荷压力。通过合理运用蓄冷技术,我们可以实现冷库能耗的有效降低,为节能减排事业做出贡献。

1.4.3.4 太阳能利用的前景

太阳能作为一种清洁、可再生的能源,其在冷库节能方面具有广阔的应用前景。在冷库屋顶安装太阳能光伏板,可以将太阳能转化为电能,为冷库提供部分电力需求。这种技术不仅可以降低冷库的运营成本,还有助于减少化石能源的消耗和温室气体的排放。随着太阳能技术的不断发展,其在冷库节能方面的应用将更加广泛和深入。

1.4.3.5 自然冷源的利用价值

自然冷源,如地下水源、空气源等,是一种宝贵的自然资源。在冷库节能方面,利用自然冷源可以降低制冷能耗,提高能源利用率。例如,利用地下水源进行冷却,可以减少制冷设备的运行时间;利用空气源进行热交换,可以提高制冷效果。这些自然冷源的利用方式不仅节能环保,而且经济效益显著。通过充分挖掘自然冷源的利用价值,我们可以为冷库的节能减排做出积极贡献。

任务 2　冷库制冷设备与制冷原理

2.1　制冷设备概述

2.1.1　制冷设备的分类与组成

制冷设备广泛应用于食品冷冻、医药保鲜、工业生产等领域。根据制冷系统的驱动方式,制冷设备可分为压缩式、吸收式和蒸汽喷射式等类型。压缩式制冷设备是目前应用最广泛的一种,主要由压缩机、冷凝器、膨胀阀和蒸发器四大部分组成。吸收式制冷设备则利用热能驱动,适用于热源充足的地方。而蒸汽喷射式制冷设备则利用高速蒸汽流进行制冷。

2.1.2　常见制冷设备及其功能

在制冷设备中,压缩机是核心部件,负责将低温低压的制冷剂压缩成高温高压的气体。冷凝器则负责将高温高压的制冷剂冷却并凝结成液态,释放热量。膨胀阀起着节流作用,将高压液态制冷剂降压后送入蒸发器。蒸发器则吸收被冷却物体(如食品)的热量,使制冷剂蒸发成低温低压的气体,完成制冷过程。此外,还有一些辅助设备,如干燥过滤器、油分离器、储液器等,以保证制冷系统的正常运行。常见的制冷机械有压缩机、冷凝器、节流阀、蒸发器、其他辅助部件等(见图 5-2)。

(a)制冷压缩机

(b)节流阀

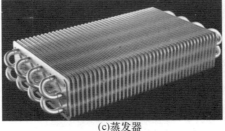
(c)蒸发器

(d)冷凝器

图 5-2　常见的制冷机械

2.2　制冷原理

2.2.1　制冷基本概念

制冷,简而言之,就是通过一定的技术手段,将热量从低温环境中抽取出来,从而达到降低温度的目的。这一过程涉及制冷剂、制冷循环系统、制冷设备等多个方面。在制冷过程中,制冷剂发挥着至关重要的作用,它能够在不同的压力和温度下实现相变,从而实现热量的转移(如图5-3冷库制冷原理图)。

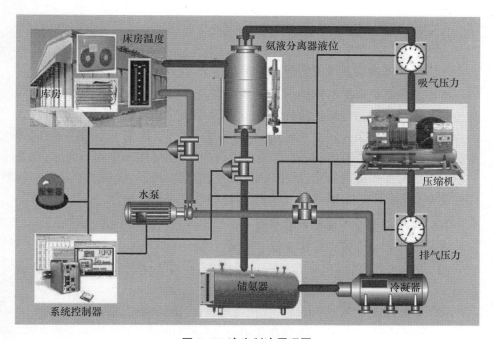

图 5-3　冷库制冷原理图

2.2.2　制冷循环系统

制冷循环系统是制冷过程的核心,主要包括压缩机、冷凝器、膨胀阀和蒸发器四个基本组成部分。压缩机负责将低温低压的制冷剂压缩成高温高压的气体,然后将其输送到冷凝器;在冷凝器中,高温高压的制冷剂释放热量,凝结成液态;接着,通过膨胀阀降低制冷剂的压力和温度,使其成为低温低压的液体,流入蒸发器;在蒸发器中,制冷剂吸收热量,蒸发成气态,从而实现制冷。

2.2.3　制冷剂的性质与选用

制冷剂是制冷循环系统中的关键物质,其性质对制冷效果和能效有着直接影响。理想的制冷剂应具备以下特点:具有较高的制冷效率,即单位质量的制冷剂能够吸收和释放较多的热量;具有良好的环保性能,不破坏臭氧层,温室效应较小;具有较高的稳定性和安全性,不易燃、爆炸,对人体无毒害作用。

在选择制冷剂时,需要根据制冷设备的工作环境、制冷需求和制冷剂的性能特点进行综合考虑。目前,常用的制冷剂有氟利昂、氨、二氧化碳等。随着环保意识的不断增强,新型环保制冷剂如 R134a、R410A 等逐渐成为发展趋势。合理选用制冷剂,既能保证制冷效果,又能降低能耗,提高制冷设备的整体性能。

2.3 冷库制冷系统设计

2.3.1 冷库制冷系统的类型

冷库制冷系统根据不同的应用场景和需求,可以分为多种类型。常见的类型有直接膨胀式制冷系统、间接膨胀式制冷系统、复叠式制冷系统和吸收式制冷系统。直接膨胀式制冷系统结构简单,成本较低,适用于小型冷库;间接膨胀式制冷系统具有节能、高效、制冷速度快等优点,适用于中大型冷库;复叠式制冷系统可实现低温制冷,适用于特殊要求的低温冷库;吸收式制冷系统利用热能驱动,无压缩机,噪声低,适用于有特殊环保要求的场合。

2.3.2 冷库制冷系统的设计原则

冷库制冷系统的设计应遵循以下原则。

(1)安全可靠:确保系统在运行过程中,不会对人体、设备以及环境造成危害。

(2)节能高效:合理选择设备,优化系统设计,降低能耗,提高制冷效率。

(3)灵活适用:根据不同场合和需求,选择合适的制冷系统类型和设备。

(4)便于维护:系统设计应考虑设备的安装、调试和维护方便。

(5)环保经济:选用环保型制冷剂,降低对环境的影响,同时考虑经济效益。

2.3.3 冷库制冷系统的主要设备选型

冷库制冷系统的主要设备包括压缩机、冷凝器、蒸发器、膨胀阀等。设备选型应考虑以下因素。

(1)制冷剂:根据制冷温度、环境要求等选择合适的制冷剂。

(2)压缩机:根据制冷量和制冷系统的类型选择合适的压缩机,如活塞式、螺杆式、离心式等。

(3)冷凝器:根据冷却方式(水冷或风冷)和冷却负荷选择合适的冷凝器。

（4）蒸发器：根据制冷量和制冷方式（直接膨胀或间接膨胀）选择合适的蒸发器。

（5）膨胀阀：根据制冷剂的流量和压力差选择合适的膨胀阀。

通过以上原则和因素，可以设计出满足不同场合和需求的冷库制冷系统，为我国冷链物流、食品加工等领域提供稳定、高效的制冷保障。

2.4　制冷压缩机

2.4.1　制冷压缩机的分类与工作原理

制冷压缩机是制冷循环系统的核心部件，其作用是提高制冷剂的压力，使制冷剂在冷凝器中放热，从而达到制冷的目的。根据工作原理，制冷压缩机可分为三大类：活塞式、螺杆式和离心式。活塞式压缩机通过往复运动的活塞来提高制冷剂压力，具有结构简单、运行稳定等优点；螺杆式压缩机则采用两个或多个螺杆相互啮合旋转，使制冷剂压力逐渐升高；离心式压缩机利用高速旋转的叶轮对制冷剂进行离心压缩，具有体积小、重量轻、效率高等特点。

2.4.2　制冷压缩机的性能参数

制冷压缩机的性能参数主要包括容积效率、压缩比、功率、制冷量等。容积效率是指压缩机在单位时间内压缩的制冷剂体积，与压缩机的设计和运行状态有关；压缩比是压缩机出口压力与入口压力的比值，反映了压缩机的压缩能力；功率是压缩机运行过程中消耗的电能，与压缩机的效率密切相关；制冷量是制冷压缩机在单位时间内提供的冷量，是衡量压缩机制冷能力的重要指标。

2.4.3　制冷压缩机的选用与维护

选用制冷压缩机时，需根据制冷系统的实际需求、制冷剂的类型和制冷量等因素进行综合考虑。第一，要确保压缩机的制冷量满足冷库等制冷设备的需求；第二，要考虑压缩机的能效比，选择高效率、低能耗的压缩机；第三，还需考虑压缩机的可靠性、噪声、占地面积等因素。在维护方面，要定期检查压缩机的运行状态，确保油润滑系统、冷却系统等正常运行；同时，要定期更换滤芯、清洗油分离器等，以保证压缩机的性能和延长使用寿命。总之，合理选用和维护制冷压缩机，对提高制冷系统的整体性能具有重要意义。

2.5　冷凝器与蒸发器

2.5.1　冷凝器与蒸发器的分类与结构

冷凝器与蒸发器是制冷系统中的关键部件，它们根据不同的分类标准，可分为多种类型。从结构形式上分类,冷凝器主要有壳管式、翅片式、盘管式等;而蒸发器则包括平板式、管式、螺旋式等。这些部件的结构设计直接影响着制冷效果和能效比。

冷凝器通常由壳体、管束、冷却介质(如水或空气)等组成。壳管式冷凝器中,制冷剂在管内流动,冷却介质在管外流动,通过管壁进行热交换。翅片式冷凝器则通过增加翅片来扩大热交换面积,提高制冷效率。

蒸发器的结构相对简单,主要由蒸发器管、制冷剂流道和壳体组成。平板式蒸发器具有紧凑的结构,适用于小型制冷设备;管式蒸发器则适用于大型制冷系统,具有较好的热交换性能。

2.5.2　冷凝器与蒸发器的工作原理

冷凝器与蒸发器的工作原理基于制冷剂的相变过程。在制冷循环系统中,制冷剂在压缩机的作用下,从低温低压状态变为高温高压状态。在冷凝器中,高温高压的制冷剂释放热量,冷却介质吸收这些热量,使制冷剂冷凝成液态。

液态制冷剂经过节流装置(如膨胀阀)后,压力降低,进入蒸发器。在蒸发器中,制冷剂迅速吸热蒸发,将低温低压的制冷剂转变为低温低压的蒸汽。这一过程中,制冷剂吸收的热量来自环境或需要制冷的空间,从而达到制冷的目的。

2.5.3　冷凝器与蒸发器的性能参数及选用

冷凝器与蒸发器的性能参数主要包括热交换面积、传热系数、压降等。这些参数决定了制冷系统的制冷效果、能耗和运行成本。

选用冷凝器与蒸发器时,需要根据制冷系统的实际需求进行综合考虑。第一,要确保所选设备的热交换面积能满足制冷负荷的要求;第二,要考虑传热系数,以提高制冷效率;第三,需关注设备的压降,以降低能耗。

此外,还需根据实际应用场景和制冷剂的特性来选择合适的冷凝器与蒸发器。例如,在空间受限的场合,可选用翅片式冷凝器;在大型制冷系统中,管式蒸发器可能是更合适的选择。同时,制冷剂的选择也会影响冷凝器与蒸发器的性能,因此在选用时需综合考虑制冷剂的性质。

2.6　制冷控制系统

2.6.1　制冷控制系统的组成与功能

制冷控制系统是制冷设备中至关重要的组成部分,它主要由传感器、执行器、控制元件和控制系统组成。传感器负责实时监测制冷系统的工作状态,如温度、压力等参数;执行器则根据控制元件的指令调整制冷设备的工作状态;控制元件则是整个系统的核心,负责对整个制冷过程进行调控。制冷控制系统的功能主要包括保持制冷系统稳定运行、提高制冷效率、节能降耗、保障设备安全等。

2.6.2　常见制冷控制元件及其工作原理

制冷控制系统中的常见控制元件有温控器、压力控制器、流量开关、电磁阀、膨胀阀等。这些元件各自具有不同的工作原理和功能。以温控器为例,它通过监测制冷系统中的温度变化,当温度达到设定值时,自动启动或关闭制冷设备,以保持系统温度稳定。压力控制器则根据系统压力的变化,对制冷剂流量进行调节,确保系统运行在安全范围内。

2.6.3　制冷控制系统的设计与应用

制冷控制系统的设计需要遵循稳定性、可靠性、经济性和环保性。在设计过程中,应根据制冷设备的类型、规模和实际需求,合理选型控制元件,优化系统布局。在制冷控制系统的应用中,智能化、网络化已成为发展趋势。现代制冷控制系统利用先进的计算机技术、通信技术和自动控制技术,实现对制冷设备的远程监控、故障诊断和优化运行,大幅提高了制冷设备的性能和运行效率。此外,制冷控制系统在食品冷藏、医药储运、冷链物流等领域的应用也越来越广泛,为保障产品质量、降低能耗提供了有力支持。

任务 3　冷库日常及卫生管理

3.1　冷库日常运营管理

3.1.1　温度与湿度控制

冷库作为食品储藏的重要设施,其内部温度与湿度的控制是保证食品品质的关键。在温度控制方面,应采用高精度的温控系统,确保库内温度稳定在适宜范围内。同时,针对不同食品的储藏需求,合理调整温度设定,以最大限度地延长食品的保鲜期。在湿度控制方面,通过安装加湿器或除湿器,保持库内相对湿度的稳定,避免食品因湿度过高或过低而影响质量。

3.1.2　节能措施

冷库在日常运营中,能耗较大。为了降低运行成本,提高能源利用率,应采取一系列节能措施。如优化制冷系统设计,选用高效节能的制冷设备;采用保温性能良好的建筑材料,减少热量传递;利用智能化控制系统,实现库内温度、湿度的实时监控与调整,降低能源浪费。

3.1.3 设备维护与保养

冷库设备运行状态的稳定直接关系着食品储藏效果。因此,定期对设备进行维护与保养至关重要。具体措施包括:制订设备维护计划,对制冷设备、电气设备等进行定期检查、清洁、润滑和更换易损件;建立设备档案,详细记录设备运行状况,以便及时发现并解决潜在问题。

3.1.4 安全管理

冷库安全管理涉及多个方面,包括人员安全、设备安全、食品安全等。为确保安全,应制定严格的安全管理制度,加强员工培训,增强安全意识。在设备安全方面,要定期检查设备的安全防护装置,确保其正常工作;对于易燃易爆气体、液体等危险品,要严格按照规定存放,并配备相应的消防设施。此外,加强库房安全管理,防止食品被盗、损坏或污染,确保食品从入库到出库的整个流程安全可靠。

3.1.5 人员安全

制冷剂对人体生理的影响,较为重要的有中毒、窒息和冷灼伤。引起人中毒的制冷剂有氨和二氧化硫,引起人窒息的制冷剂有氟类,所有的制冷剂都会引起冷灼伤。氟利昂类制冷剂本身是无毒、无臭、不燃烧、不爆炸。但是,当水和氧气混合时,再与明火接触则发生分解,生成氟化氢、氯化氢和光气,特别是光气对人体十分有害。氟利昂类制冷剂虽无毒,但它在常温下的气态密度比空气大,当其在空气中含量(容积浓度)超过80%时,会引起人窒息。

3.2 冷库卫生管理

3.2.1 卫生管理的重要性

冷库作为食品储藏的重要设施,其卫生管理的重要性不言而喻。第一,良好的卫生条件能够有效防止食品受到细菌、病毒等微生物的污染,保障食品安全,维护消费者健康。第二,卫生管理有助于提高冷库内食品的储藏质量,延长其保质期,降低企业经济损失。第三,严格执行卫生管理措施还能提升企业的信誉度和市场竞争力。

3.2.2 卫生管理规范与要求

为确保冷库卫生管理的有效性,我国制定了一系列卫生管理规范与要求。这些规范主要包括食品储藏环境卫生标准、食品储藏容器及工具卫生标准、工作人员卫生要求等。企业应严格遵守这些规范,加强日常卫生管理,确保冷库卫生状况符合国家相关要求。

3.2.3　卫生处理方法

冷库卫生处理方法主要包括物理和化学两种方式。物理方法主要包括清洁、消毒、除湿等,旨在清除库内微生物、杂质和多余水分。化学方法则主要采用食品级消毒剂,如过氧化氢、次氯酸钠等,对库内环境进行消毒处理。在实际操作中,企业应根据实际情况选择合适的卫生处理方法,确保冷库卫生状况达标。

3.3　冷库安全管理与事故预防

3.3.1　安全风险识别

冷库安全管理中的首要任务是识别潜在的安全风险。这包括对设备、环境和人为因素的全面评估。设备风险涉及制冷系统泄漏、电路故障、机械设备损坏等;环境风险包括低温作业导致的冻伤、滑倒、摔伤等;人为因素则涉及操作人员的安全意识、操作技能和应急处理能力。通过对这些风险的识别,为后续的安全管理工作提供科学依据。

3.3.2　安全管理制度与措施

针对识别出的安全风险,建立健全的安全管理制度和措施至关重要。这包括制定严格的操作规程、定期进行安全培训、落实安全责任制等。此外,还需采取一系列措施,如设置警示标志、配备个人防护装备、定期检查设备运行状况等,以确保冷库的安全运营。

3.3.3　事故应急预案

为应对可能发生的安全事故,制定事故应急预案是必不可少的。预案应包括事故报警、紧急撤离、伤员救治、事故调查等内容。同时,要定期组织应急预案演练,提高操作人员应对突发事故的处置能力。通过应急预案的制定和实施,将事故损失降到最低。

3.4　冷库的安全操作

3.4.1　阀门的安全操作

阀门是控制制冷系统安全运转所必不可少的部件,在制冷系统内应该有一定数量的调节阀、截止阀和备用阀。向容器内充灌制冷剂时,阀门的开启操作应缓慢打开。在制冷系统中,有液态制冷剂的管道和设备,严禁同时将两端阀门关闭。

3.4.2　设备的安全操作

制冷系统中的运动部件,如传动皮带、联轴器等应加防护装置,否则禁止运转;为防止环境污染和氨中毒,从制冷系统中排放不凝性气体时,需要经过专门设置的空气分离器排放入水中;由于制冷设备内的油和氨一般呈有压力的混合状态,为避免酿成严重的跑氨事故,严禁从制冷设备上直接放油;当设备间的室温达到冰点温度时,对所有用冷却水的设备,在停用时应将剩水放尽,以防冻裂。

3.4.3 设备和管道检修的安全操作

在制冷剂未抽空或未置换完全而未与大气接通的情况下,严禁拆卸机器或设备的附件进行焊接作业;压缩机房和辅助设备之间不能有明火,冬季严禁用明火取暖;制冷系统在检修以后,应进行耐压强度和气密性试验,在设备增加焊接或连接管道后,应进行气密试验,合格后方允许使用

任务 4 冷库的节能管理

4.1 冷库的能耗分析

4.1.1 能耗构成

冷库的能耗主要由制冷系统能耗、电气系统能耗、围护结构能耗和其他辅助设备能耗构成。制冷系统能耗包括压缩机制冷能耗、冷却塔散热能耗、制冷剂循环泵能耗等;电气系统能耗主要包括照明、动力、控制等设备的能耗;围护结构能耗是指冷库建筑物的保温性能对能耗的影响;其他辅助设备能耗包括冷却水系统、冷凝水系统、通风系统等能耗。

4.1.2 能耗分布

在冷库能耗中,制冷系统能耗占比最大,通常在 60%~80%。电气系统能耗约占 10%~20%,围护结构能耗约占 5%~15%,其他辅助设备能耗占比相对较小。不同类型的冷库、不同规模和不同地区的冷库能耗分布有所差异,但总体上制冷系统能耗是影响冷库总能耗的关键因素。

4.1.3 影响能耗的因素

4.1.3.1 环境因素对冷库能耗的影响

冷库能耗受到多种环境因素的影响。气温是其中最为显著的一个,高温环境会导致冷库需要更多的能量来维持内部低温,因此能耗会随着外界气温的升高而增加。湿度也是一个不可忽视的因素,高湿度环境不仅会影响冷库的保温效果,还可能导致设备结霜,进一步增加能耗。此外,风速对冷库能耗也有直接影响。风速较大时,会加剧冷库围护结构的热交换,使得冷库需要更多的制冷量来保持恒温,从而导致能耗上升。因此,在选择冷库位置时,应充

分考虑当地的气候条件,以及这些条件对能耗的潜在影响。

4.1.3.2 设备因素对冷库能耗的影响

制冷设备、电气设备和围护结构等设备的性能,直接关系着冷库的能耗水平。高效节能的制冷设备和电气设备能够显著提高能源利用效率,从而降低能耗。同时,围护结构的保温性能也是影响能耗的重要因素。优质的保温材料和合理的设计能够有效减少冷热空气的交换,进而减少能耗。因此,在选购和安装设备时,应优先考虑其能效比和保温性能。

4.1.3.3 运行管理对冷库能耗的影响

合理的运行管理对于降低冷库能耗至关重要。这包括制冷系统运行参数的优化、设备的定期维护保养以及运行策略的调整等。通过精确控制冷库的温度和湿度,避免能耗浪费。同时,定期的检查和维护可以确保设备处于最佳工作状态,提高能效。此外,灵活调整运行策略,比如在低峰时段进行预冷,也可以有效降低能耗。

4.1.3.4 建筑设计对冷库能耗的影响

冷库的建筑设计同样对能耗有着重要影响。例如,建筑的朝向会影响太阳辐射的吸收,进而影响冷库的能耗。保温层的厚度也是关键因素,足够的保温层可以减少冷热空气的交换,降低能耗。此外,窗户的面积和位置也会影响能耗,因为窗户是冷热空气交换的主要通道之一。因此,在设计冷库时,应综合考虑这些因素,以达到降低能耗的目的。

4.1.3.5 负荷特性对冷库能耗的影响

冷库的负荷特性,如存储物品的类型、存储周期和出入库频率等,都会对能耗产生影响。不同类型的物品对温度的要求不同,因此能耗也会有所不同。存储周期的长短会影响冷库的开门次数和时间,进而影响能耗。出入库频率的增加也会导致能耗的上升,因为每次开门都会导致冷热空气的交换。因此,在冷库的运营过程中,应根据实际情况合理调整存储策略,以降低能耗。

4.2 节能技术概述

4.2.1 制冷系统节能技术

在冷库的运行过程中,制冷系统是能耗最大的部分,因此制冷系统的节能技术对于降低整个冷库的能耗具有至关重要的作用。目前,制冷系统节能技术主要包括采用高效节能的压缩机、优化制冷循环、提高制冷剂的能效比等。此外,采用变频调速技术可以使得制冷系统的运行更加稳定,进一步降低能耗。

4.2.2 冷库围护结构节能技术

冷库围护结构的保温性能对能耗影响显著。为了增强围护结构的保温性能,可以采用以下节能技术:首先,优化围护结构的材料选择,使用高热阻、低传热系数的保温材料;其次,提高围护结构的施工质量,确保无热桥现象;最后,针对冷库门等易散热部位,采用特殊的隔热措施,如安装自动关闭装置、使用双层门等。

4.2.3 自动化控制节能技术

通过自动化控制技术,可以实现对冷库运行参数的实时监测和调整,从而提高冷库的能效。目前,常见的自动化控制节能技术包括智能控制系统、优化运行策略、预测性维护等。这些技术能够确保制冷设备在最佳状态下运行,降低能耗。

4.2.4 新能源利用技术

新能源利用技术是降低冷库能耗、减少环境污染的重要途径。目前,冷库行业可以采用的新能源主要有太阳能、地热能等。例如,利用太阳能制冷系统可以为冷库提供制冷动力,减少传统能源的消耗;地热能则可以用于调节冷库的温度,降低制冷系统的负荷。通过合理利用新能源,不仅可以降低冷库的运行成本,还能实现可持续发展。

4.3 节能管理策略

4.3.1 能耗监测与数据分析

在冷库的节能管理中,能耗监测与数据分析是关键环节。首先,应建立全面的能耗监测系统,对冷库内各种设备的能耗进行实时监测,包括制冷机组、冷却塔、冷风机等主要能耗设备。通过收集这些设备的运行数据,可以分析出能耗的分布和变化规律,为后续节能措施提供科学依据。此外,运用大数据分析技术,挖掘能耗数据中的潜在规律,有助于发现节能潜力,为制定针对性的节能措施提供支持。

4.3.2 能效评估与认证

为了提高冷库的能源利用效率,开展能效评估与认证工作至关重要。通过对冷库的能耗数据、设备性能、运行状况等方面进行全面评估,可以确定冷库的能效水平。在此基础上,对照相关节能标准和规范,对冷库进行能效分级认证。这有助于推动冷库企业增强节能意识,加大节能投入,提升整体能效水平。

4.3.3　节能培训与宣传

节能培训与宣传是增强冷库工作人员节能意识、推广节能技术的重要手段。企业应定期组织节能培训,使员工了解冷库能耗现状、节能技术发展趋势以及相关政策法规。此外,通过悬挂节能宣传标语、制作节能宣传手册等方式,加强节能宣传,使节能理念深入人心。同时,鼓励员工积极参与节能技术创新和改进,形成良好的节能氛围,为冷库的节能管理提供有力保障。

项目二　冷链仓储运作管理

任务1　冷库入库作业管理

1.1　冷库入库作业概述

1.1.1　基本流程

冷库入库作业是冷链物流管理中的重要环节,其基本流程主要包括货物接收、验收、预冷处理、堆码存储、质量监控等步骤。首先,仓库管理人员需对到货的冷链产品进行接收,确认货物种类、数量、规格等信息。随后,根据货物验收标准对货物进行严格的质量检查,确保货物符合入库要求。验收合格后,对货物进行预冷处理,以降低货物温度,为后续存储创造有利条件。接下来,根据堆码原则将货物放置在合适的存储位置,合理利用存储空间。在整个入库过程中,要密切关注货物的温度、湿度等参数,确保货物质量。

1.1.2　管理目标与要求

冷库入库作业的管理目标是确保货物安全、提升作业效率、降低运营成本以及优化服务质量。为实现这些核心目标,必须执行一系列严格的要求。规范化管理是基石,它要求建立完善的管理制度,从而保障入库作业的条理清晰、有序进行,减少混乱与失误。标准化操作也至关重要,通过制定细致的作业流程、明确的验收标准以及合理的堆码原则,可以显著提高作业效率,缩短货物处理时间。在信息化时代,利用现代信息技术对入库作业进行支持是必不可少的。信息化管理不仅能提升作业的精度,还能大幅加快作业速度,使冷库的物流运作更加迅捷、准确。同时,人员培训也是不可或缺的一环,通过对入库作业人员进行系统的专业培训,可以大幅提升员工的专业素质和操作技能,进而提升整体作业水平。质量监控是保障货物安全的关键,建立完善的质量管理体系,并对入库作业进行全面监控,可以确保每一批货物的质量都符合标准。此外,安全防护也是重中之重,它要求不断加强员工的安全意识教育,并切实落实各项劳动保护措施,从而确保每一位作业人员的安全。

1.2 入库作业前期准备

1.2.1 入库计划的制订与实施

入库计划是冷库入库作业的第一步,关系着整个作业的顺利进行。首先,要根据货物的种类、数量、入库时间等因素,制订合理的入库计划。其次,要合理安排库房、货架、搬运设备等资源,确保作业的高效进行。在实施过程中,要密切关注计划的执行情况,及时调整,确保计划的顺利实施。

1.2.2 货物验收标准与流程

货物验收是保证入库货物质量的关键环节。验收标准应包括货物的品种、规格、数量、质量、包装等方面。验收流程要规范,包括货物核对、质量检验、数量清点等步骤。在验收过程中,要严格按照标准进行,对不合格的货物要及时处理。

1.2.3 货物预冷处理与包装

预冷处理是保证货物在冷库中存储品质的重要措施。根据不同货物的特性,采用适当的预冷方法,如空气预冷、水预冷等。在预冷过程中,要控制好温度、湿度等参数,确保货物在短时间内达到适宜的存储状态。

此外,货物包装也是入库作业前期准备的重要环节。合理的包装可以保护货物在搬运、堆码过程中不受损伤,同时也有利于保持货物的品质。包装材料要选用适合低温环境的材质,确保在冷库中不会出现破损、变形等现象。

通过以上三个方面的精心准备,为冷库入库作业的顺利进行奠定了基础,同时也为后续的货物存储、人员管理、质量管理和信息化管理提供了有力保障。

1.3 货物堆码与存储

1.3.1 堆码原则与方法

在冷库入库作业中,货物堆码是至关重要的环节,它直接关系着存储效率与货物安全。合理的堆码能最大化利用存储空间,同时保障货物完好无损。堆码时应牢记三大原则:一是稳定性原则,必须确保货物堆放稳固,防止倒塌引发事故;二是分类原则,要根据货物的不同类型和特性进行归类堆放,便于日后管理与取货;三是先进先出原则,针对有保质期限的货物,需按生产或进货时间堆码,以实现库存的有效周转。实际操作中,可选择的堆码方式包括直线堆码、行列堆码以及错层堆码等,具体采用哪种方式需结合货物特点和仓储条件来决定。通过这样的科学管理,不仅能提升仓储效率,还能有效降低货物损耗,从而为企业节约成本,提高运营效益。

1.3.2 存储空间利用

在冷库入库作业中,提高存储空间利用率至关重要,尤其是当冷库的存储空间有限时。为了实现这一目标,可以采取以下有效措施:首先,根据货物的特性,如种类、规格和存储需求,对存储区域进行合理规划。这样可以确保相似或相关的货物被归类并放置在相近区域,从而避免不必要的空间浪费。其次,引入高层货架系统能显著增加垂直存储空间,不仅可以提高空间利用率,还使得货物的存取更为便捷和高效。最后,通过优化堆码方式,比如采用立体堆码或压缩堆码技术,可以进一步节省空间。这些先进的堆码技术允许货物更加紧凑地存放,减少空隙,从而最大限度地利用存储空间。

1.3.3 温度、湿度控制

在冷库入库作业中,对温度和湿度的精准控制是确保货物品质与安全的关键。为实现温湿度的稳定,可采取以下措施:首先,安装先进的温湿度监测设备,这些设备能够实时追踪冷库内的环境变化,确保条件始终符合规定标准。其次,冷库的布局需经过精心设计,以防止冷热空气的混合,从而维持货物的最佳保存状态。此外,定期的设备检查与维护同样重要,它能确保制冷和除湿系统的高效运行,进而保持温湿度的恒定。最后,加强员工的培训也必不可少,通过提升他们对温湿度控制重要性的认识,确保操作规程得到严格执行。

1.4 入库作业人员管理

1.4.1 人员配置与培训

在冷库入库作业中,合理的人员配置与培训是确保作业顺利进行的关键。首先,根据入库作业的需求,管理者应制订出相应的人员配置计划,确保每个岗位都有足够的人力资源。这包括对作业人员进行分类,如管理人员、操作人员、技术人员等。其次,针对不同岗位的需求,开展专业的培训,提升员工的专业技能水平和安全意识。培训内容应包括冷库作业基础知识、操作规程、应急预案等,确保每位员工都能熟练掌握相关技能。

1.4.2 工作职责与考核

明确的工作职责和考核制度有助于提高入库作业的效率和质量。管理者需为每个岗位制定详细的工作职责,让员工清楚了解自己的工作内容和要求。同时,建立科学合理的考核制度,对员工的工作绩效进行评估,包括作业速度、准确性、安全意识等方面。通过考核,激励员工提高工作效率,确保入库作业的顺利进行。

1.4.3　人员安全与劳动保护

冷库入库作业过程中,人员安全至关重要。管理者需重视员工的安全教育与劳动保护,降低安全事故的发生。首先,加强安全培训,增强员工的安全意识,让员工充分了解冷库作业中可能存在的安全隐患和预防措施。其次,配备必要的劳动保护用品,如防寒服、防滑鞋、防护眼镜等,确保员工在作业过程中免受伤害。此外,还需要定期对冷库设备进行检查和维护,确保设备安全运行,为员工创造一个安全的工作环境。同时,建立健全应急预案,一旦发生安全事故,能够迅速采取有效措施,将损失降到最低。

1.5　质量管理

1.5.1　质量管理体系构建与实施

在冷库入库作业中,质量管理体系的构建与实施是确保货物质量的关键环节。首先,要根据我国相关法律法规及行业标准,结合企业实际情况,制定出一套科学、完善的质量管理体系。该体系应涵盖货物验收、存储、出库等各个环节,确保货物在整个供应链中的质量稳定。此外,还需对质量管理人员进行培训,提高其业务素质和责任心,使其能够严格按照质量管理体系要求开展工作。

1.5.2　质量监控

质量监控是冷库入库作业质量管理的重要手段。通过设立质量监控点,对货物进行定期或不定期的检查,以确保货物质量符合规定标准。质量监控主要包括以下几个方面:一是货物外观、数量、包装等基本要求的检查;二是货物温度、湿度等存储条件的监控;三是货物保质期的管理。通过质量监控,可以及时发现潜在的质量问题,防止质量事故的发生。

1.5.3　异常处理与质量改进

在冷库入库作业过程中,一旦发现质量问题,应立即启动异常处理程序。首先,要对问题货物进行隔离,防止其影响其他货物的质量;其次,要分析问题产生的原因,采取针对性的措施进行整改;最后,要对相关责任人进行追责,以警示他人。企业还应不断总结经验教训,对质量管理体系进行持续改进,提高质量管理水平。

通过以上措施,冷库入库作业的质量管理将得到有效保障,为企业创造良好的经济效益和社会信誉。在此基础上,企业还需密切关注行业动态,积极引进新技术、新方法,不断提升质量管理水平,以满足市场需求和客户期望。

1.6　信息化管理

1.6.1　信息化重要性

在当今这个信息爆炸的时代,信息化管理已成为企业提升核心竞争力的重要手段。对于冷库入库作业而言,信息化管理同样具有举足轻重的地位。通过信息化管理,可以实现对货物从入库到存储全过程的实时监控,提高作业效率,降低运营成本,确保货物质量。此外,信息化管理还能为企业决策层提供准确、及时的数据支持,助力企业科学决策。

1.6.2　管理系统选择与实施

在实施信息化管理过程中,选择合适的管理系统至关重要。首先,企业需根据自身规模、业务需求及预算等因素,进行综合评估,挑选出符合实际需求的系统。其次,要关注管理系统的功能完善、操作便捷、扩展性及售后服务等方面。在实施阶段,企业需要成立专门的实施团队,制订详细的实施计划,确保系统顺利上线。

1.6.3　信息化应用在入库作业中

信息化应用在冷库入库作业中具有广泛的作用。首先,通过条码技术、RFID 等手段实现货物信息的快速采集与传递,提高入库作业效率;其次,利用WMS(仓库管理系统)对货物进行精细化管理,实现库存的实时更新,降低库存误差;再次,利用数据分析工具对入库数据进行挖掘,为采购、销售等部门提供有力支持。此外,信息化管理还能实现对作业人员的绩效考核,提高员工工作积极性。总之,信息化应用在入库作业中发挥着举足轻重的作用,有助于提升整体管理水平。

任务 2　冷链仓储的温湿度控制与监测

2.1　冷链仓储的概述

2.1.1　冷链仓储的定义与分类

冷链仓储,顾名思义,是指在产品从生产到消费的整个过程中,通过低温储存、运输等手段,保证产品在整个供应链中始终处于适宜的温湿度环境。它主要包括冷藏、冷冻和恒温仓储三种类型。冷藏仓储主要针对农产品、水产品等需要在低温环境下保存的商品;冷冻仓储则针对需要在更低温条件下保存的冷冻食品;恒温仓储则适用于药品、化妆品等对温度要求较高的商品。

2.1.2 冷链仓储的重要性

冷链仓储在保障产品质量、降低损耗、延长保质期等方面具有重要意义。首先,通过冷链仓储可以有效地抑制微生物的生长和繁殖,降低食品腐败速度,确保食品安全;其次,合理的温湿度控制能够降低产品在运输、储存过程中的损耗,提高产品利用率;最后,冷链仓储有助于扩大销售半径,满足消费者对优质、新鲜产品的需求。

2.1.3 冷链仓储在我国的发展现状

近年来,随着我国经济的快速发展和人民生活水平的提高,冷链仓储行业得到了广泛关注和迅速发展。一方面,政府加大了对冷链物流的政策支持和投入,推动冷链基础设施建设;另一方面,企业纷纷投资冷链仓储领域,提升自身供应链管理水平。然而,我国冷链仓储行业仍存在一些问题,如设施设备不足、技术水平较低、行业标准不统一等。为此,我国冷链仓储行业在未来需加大技术创新和产业升级力度,以满足不断增长的市场需求。

2.2 温湿度控制原理

2.2.1 温湿度对产品质量的影响

在冷链仓储过程中,温湿度是影响产品质量的关键因素。温度的波动和湿度的变化会导致产品发生质量变化,如微生物滋生、营养成分流失、口感和色泽改变等。以食品为例,温度过高或过低都会导致食品中的微生物活性增强,从而加速食品的腐败过程;而湿度过高或过低,则会影响食品的干燥程度和新鲜度。因此,确保温湿度的稳定性,对保障产品质量具有重要意义。

2.2.2 温湿度控制的基本原理

温湿度控制的基本原理是通过调节环境温度和湿度,使产品处于一个相对稳定和适宜的储存环境中,从而保证产品质量。这涉及制冷、加热、除湿、加湿等技术的应用。具体来说,温度控制主要通过制冷系统和加热系统来实现,湿度控制则通过除湿系统和加湿系统来完成。通过这些设备和技术,可以实现对冷链仓储环境中的温湿度进行精确调控。

2.2.3 常见的温湿度控制方法

2.2.3.1 制冷系统在冷链仓储中的应用

在冷链仓储中,制冷系统是温度控制不可或缺的一环,其核心作用是通过技术手段降低环境温度,以满足冷藏或冷冻产品的保存需求。常见的制冷方式有压缩式制冷和吸收式制冷两种。压缩式制冷通过压缩机的工作来循环制冷剂,达到降温的目的,这种方式效率高、速度快,广泛应用于大型冷库。而吸收式制冷则利用热能驱动,通过化学反应产生冷量,适用于一些特殊场合。在实际操作中,根据储存的货物类型和要求的温度,需要精确调控制冷系统的工作状态。过低的温度可能导致产品受损,而过高的温度则会影响产品的质量。因此,合理的温度设定和制冷系统的稳定运行至关重要。此外,定期维护和检查制冷设备也是确保其长期有效工作的关键。

2.2.3.2　加热系统在冷链仓储中的必要性

在寒冷季节或低温地区,冷链仓储中的加热系统同样重要。加热系统的作用是在环境温度过低时提供必要的热量,以保持库内温度的稳定。电加热和蒸汽加热是两种常见的加热方式。电加热通过电能转化为热能,操作简单、效率高;而蒸汽加热则利用蒸汽的热能来升温,适用于大型仓储设施。加热系统的选择应根据实际情况来定,包括库房的规模、地理位置、气候条件以及货物的储存要求等。合理的加热系统不仅能防止产品因低温受损,还能节能减排,提高仓储的经济效益和环境效益。

2.2.3.3　除湿系统在冷链仓储中的作用

除湿系统在冷链仓储中扮演着防止产品受潮和发霉的重要角色。高湿度环境容易导致产品变质,特别是食品、药品等对湿度敏感的产品。因此,除湿系统的运用至关重要。常见的除湿方法有冷却除湿和吸湿剂除湿。冷却除湿通过降低温度使空气中的水蒸气凝结成水,从而达到除湿的效果。而吸湿剂除湿则是利用吸湿材料吸收空气中的水分。两种方法各有优缺点,应根据具体需求和条件选择适合的除湿方式。除湿系统的效率直接影响产品的质量和储存期限。因此,除湿设备的选型、安装位置以及运行参数的设定都需要经过精心设计和严格控制。

2.2.3.4　加湿系统在冷链仓储中的应用

在干燥环境下,加湿系统对于维持库内湿度至关重要。干燥的环境可能导致产品失水、变形甚至开裂,严重影响产品质量。因此,在冷链仓储中引入加湿系统是十分必要的。超声波加湿和湿膜加湿是两种常见的加湿方法。超声波加湿利用超声波的振动将水分子细化成微小颗粒,增大空气中的湿度。湿膜加湿则是通过水分的自然蒸发来增加湿度。两种方法各有特点,选择时应考虑库房的具体条件、加湿需求以及运行成本等因素。加湿系统的运行需要密切监控和调整,以确保库内湿度稳定在适宜的范围内。同时,加湿设备的维护和清洁也是保障其长期稳定运行的关键环节。

2.3 温湿度监测技术

2.3.1 传感器技术

2.3.1.1 温度传感器

温度传感器是测量温度的装置,能够将温度转换为可读取的电信号。常见的温度传感器有热电偶、热敏电阻和集成电路温度传感器等。这些传感器具有响应速度快、精度高、稳定性好等特点,能够满足冷链仓储对温度监测的要求。

2.3.1.2 湿度传感器

湿度传感器用于测量环境中的湿度,主要有电容式、电阻式和露点式等类型。电容式湿度传感器具有响应速度快、线性度好、抗干扰能力强等优点,适用于冷链仓储中的湿度监测。

2.3.2 数据采集与传输技术

2.3.2.1 数据采集

数据采集是指将传感器测量的模拟信号转换为数字信号,并通过数据采集卡或微处理器进行处理。这一过程要求采集设备具有高精度、高稳定性,以确保数据的准确性。

2.3.2.2 数据传输

数据传输是指将采集到的温湿度数据实时发送到监控中心或云端。目前,常用的数据传输方式有有线传输(如以太网、RS485 等)和无线传输(如Wi-Fi、蓝牙等)。无线传输方式具有布线简单、安装方便、易于扩展等优点,逐渐成为冷链仓储温湿度监测的主要选择。

2.4 冷链仓储温湿度控制策略

2.4.1 确定温湿度控制指标

在冷链仓储过程中,温湿度控制指标的确定是保证产品质量的关键。首先,需要根据所储存物品的特性,如生物制品、果蔬、肉类等,制定相应的温湿度标准。这些标准应参考相关国家标准及行业规定,以确保储存物品的品质和安全。此外,还需考虑仓储环境的实际情况,如地理位置、季节变化等,对温湿度标准进行适当调整。通过明确控制指标,为后续的温湿度控制提供科学依据。

2.4.2 制定温湿度控制方案

在确定温湿度控制指标后,接下来要制定具体的控制方案。这包括选择合适的温湿度控制设备、设计合理的仓储布局以及制定应急预案。首先,根据仓储规模和需求,选择制冷、加热、除湿等设备,确保设备性能稳定、节能环保。

其次,合理规划仓储空间,使空气流通,避免局部温湿度过高或过低。最后,针对可能出现的设备故障、天气变化等突发事件,制定应急预案,确保温湿度控制方案的顺利实施。

2.4.3　控制策略的实施与优化

实施温湿度控制策略时,要密切关注各项指标的变化,确保仓储环境稳定。通过安装传感器、数据采集与传输系统,实时监测温湿度数据,并进行分析处理。一旦发现异常,立即启动应急预案,调整设备运行参数,使温湿度恢复正常。此外,还要定期对温湿度控制策略进行评估和优化,根据实际运行情况调整控制指标,提高控制效果。

任务3　冷库的货物管理与出库操作

3.1　冷库货物储存要求

3.1.1　温湿度控制

冷库,这一特殊的储存环境,对于温湿度的控制需求极高。温度,这一关键参数,直接关系着货物的保质期和质量安全。在冷库中,必须装配高精度的温度控制系统,这样的系统能够实时监测并调整库内温度,确保其稳定在设定的适宜范围内。这种精确的控制,不仅有助于延长货物的保质期,更能够避免由于温度波动带来的质量风险。与此同时,湿度控制也是冷库管理中不可或缺的一环。湿度过高,货物容易受潮,导致包装损坏、产品质量下降;湿度过低,则可能引发货物脱水,特别是在储存一些对水分敏感的商品时,这一问题尤为突出。因此,有效的湿度管理对于维护货物质量同样重要。在实际操作中,必须根据储存货物的特性和要求,细致地调整温湿度设置。这种有针对性的环境控制,能够确保每一种货物都在其最适宜的条件下储存,从而最大限度地保持其原有品质。

3.1.2　货物堆码与布局

合理的货物堆码与布局在冷库中至关重要,它不仅能有效提高空间利用率,还能确保货物储存安全。在堆码货物时,应严格遵守"重货在下,轻货在上"的堆放原则,这样可以防止因堆码不稳定而造成的货物损毁,确保储存过程中货物的完整性。同时,库内货物的整体布局也是一个不容忽视的环节,必须综合考虑货物的种类、体积以及储存期限等多重因素。通过合理划分不同区域来存储不同类型的货物,可以极大地方便日后的查找与管理工作。此外,保持库内通道的畅通无阻也是一项关键措施,它不仅能够确保货物的顺利搬运,还有助于进行定期的检查工作。这种布局和堆码的优化策略,不仅提高了冷库的运营效率,也降低了货物损失的风险,从而为企业节约了成本,增强了市场竞争力。

3.1.3　储存期限与质量监控

冷库货物的储存期限对货物质量具有决定性影响。为确保货物品质,必须制定并执行严格的储存期限标准。这些标准应根据货物的性质、保存条件及市场需求来细致设定,并在实际操作中根据货物的实际储存状况进行灵活调整。为保障储存标准的有效执行,还需加强对货物质量的持续监控。定期的质量抽检是必不可少的环节,通过抽检可以及时发现并解决潜在的质量问题,从而确保货物在整个储存期间都能维持高品质。对于接近保质期的货物,更应给予特别关注,一旦发现有临近过期的产品,应立即采取措施,如促销、调拨或及时处理,以防货物过期造成不必要的经济损失和资源浪费。

3.2　货物在库管理

3.2.1　在库货物的检查与维护

在库货物的检查与维护对保障冷库内产品质量安全具有至关重要的作用。对于不同类型的货物,必须定期进行细致全面的检查,这包括货物的外观是否完好、温度是否适宜以及湿度是否符合标准等,从而确保货物储存状态严格符合规定要求。特别是针对易腐、易损的货物,更需加大巡查频次,一旦发现有任何异常情况,应立即采取有效措施进行处理,以防问题扩大。为了延长货物的储存期限并保持其品质,可积极采用低温冷藏、气调保鲜等先进技术,这些技术能显著降低货物在储存过程中的自然损耗,保持其新鲜度和口感。此外,对存储设备的定期维护同样不容忽视,这包括冷却系统、湿度控制系统等关键设备。

3.2.2　库存盘点与调整

库存盘点是冷库管理中至关重要的环节,它涉及对库内货物数量、质量及储存状态的全面清查。通过定期的细致盘点,企业能够精确掌握当前的库存状况,及时发现并纠正库存数据与实际存货之间的差异,从而确保库存数据的真实性和准确性。这一过程的严格执行,不仅有助于企业做出更为精确的物流和销售策略决策,还能有效防止因库存信息不准确而导致的运营风险。在盘点作业中,必须遵循既定的程序和标准,确保每一步操作的规范性和严谨性。盘点完成后,对结果的详细记录与深入分析更是不可或缺,它们为后续的库存优化提供了有力的数据支持。根据这些分析结果,企业可以更有针对性地对库存进行调整,如重新分配货物的储存空间,进一步优化库存的结构,以提高库房的利用效率和货物流转的速度。此外,货物周转率也是一个重要的考量指标。通过关注这一指标,企业可以更加合理地控制库存量,避免过多的库存积压,进而降低库存持有成本,提高整体运营效率。

3.2.3 货物跟踪与追溯

货物跟踪与追溯在冷库管理体系中占据着举足轻重的地位。建立完善的货物跟踪体系,意味着能够实时监控货物在库存、出库以及运输等各个环节的具体状态,这样的透明化管理不仅确保了货物的安全性,还能保障其准时无误地抵达目的地。在货物追溯方面,现代信息技术的运用显得尤为重要,例如通过条形码、RFID 等技术手段对货物进行精确标识,这些高科技的应用使得从生产源头到储存、运输直至最终销售,每一个环节都能被有效追踪。这种全链条的追溯机制在发现质量问题时能够迅速定位问题所在,便于企业及时做出应对,最大限度地降低质量风险。货物跟踪与追溯体系的建立,不仅提升了企业的内部管理效率,更在外部树立了良好的企业形象,提高了企业的社会信誉。消费者在购买产品时,能够通过追溯系统了解到产品的全部生产流通信息,这无疑极大增强了消费者的购买信心。

3.3 出库操作流程

3.3.1 出库计划的制定与执行

冷库的出库操作是一个复杂而精细的流程,其成功执行依赖于多方面的协同工作和周密的计划。在制订出库计划时,必须仔细分析客户订单的具体要求与现有库存的实际状况。这一计划需要详细列出即将出库的货物种类、确切数量以及预计的出库时间和顺序。这样的规划能确保从货物挑选到装载的每一个环节都能有条不紊地进行,最大化出库效率。同时,计划的制订并非纸上谈兵,而是要紧密结合库房内部的实际情况。货物的具体存放位置、当前的库存量以及货物的保存状态等因素都会影响出库的效率和质量。因此,在规划阶段就必须对这些细节进行深入了解和充分考虑,以保证出库计划的实用性和可操作性。计划一旦确定,库房管理人员便需严格按照既定方案展开工作。在执行过程中,对计划进度的实时监控至关重要,这要求管理人员具备高度的责任心和专业素养。若遇到计划外的突发情况,需迅速做出判断和调整,以确保出库任务不受影响。

3.3.2 货物拣选与复核

货物拣选作为出库操作的关键步骤,其重要性不言而喻,它直接影响货物的准确配送和出库的迅速性。库房工作人员在执行拣选任务时,必须严格根据出库计划进行,这一环节要求工作人员在偌大的库房内快速准确地找到并拣选出所需的货物。在这个过程中,遵循先进先出(FIFO)的原则是至关重要的,这一原则保证了存储时间较长的货物能够优先出库,从而确保客户收到的货物具有最佳的新鲜度和质量。拣选工作完成后,紧随其后的货物复核环节同样不容忽视。复核的主要目的是确认拣选出的货物与出库计划完全吻合,这包括货物的种类、数量以及质量等多个方面。为确保这一步骤的严谨性,复核工作应由具有专业知识和丰富经验的专人负责,他们的细致检查是出库货物准确性的有力保障。如果在复核过程中发现问题,必须立即采取行动,深入查找问题根源,并迅速进行纠正。这种及时的错误排查和纠正机制,能够有效避免因出库错误而引发的客户满意度下降,对于维护企业的良好形象和声誉具有不可忽视的作用。

3.3.3 出库单据处理与交接

出库单据作为记录货物出库流程的关键文档,涵盖了出库单、送货单等重要资料。这些单据的精确性和完整性对于后续的物流配送至关重要。库房管理人员在货物出库之前,必须严谨、细致地填写这些单据,确保所有信息都准确无误。任何一点小错误都可能导致物流延误或货物错发,进而影响客户满意度。出库单据的处理速度和精准度,不仅关系着货物的顺利交接,更直接影响后续的物流配送效率和准确性。在货物交接这一出库操作的最后环节,库房工作人员与物流或客户代表的沟通协作尤为重要。双方需在现场进行详尽的货物核对,这包括对照出库单据逐一检查货物的种类、数量以及状态。只有当双方确认所有信息无误后,方可签字确认,完成交接。这一过程不仅有助于划分清晰的责任界限,更能确保货物能够安全、完整地送达客户手中。货物交接的严谨性,为整个物流配送流程画上了圆满的句号,也为企业赢得了客户的信任和满意。

模块六 冷链加工管理

项目一 冷链加工设施设备及辅料

任务 1 冷链加工设备选型与布局

1.1 设备类型及功能

冷链加工设备主要包括制冷设备、保温设备、运输设备、检测设备等。制冷设备主要包括压缩机、蒸发器、冷凝器等,其功能是为冷链加工提供低温环境,保证产品在整个加工过程中的新鲜度和品质。保温设备主要包括保温箱、保温库等,其功能是减少外界环境对产品温度的影响,确保产品在运输和储存过程中的温度稳定。运输设备包括冷链物流车辆、冷链集装箱等,其功能是实现产品在不同地域间的安全、快速运输。检测设备主要包括温度传感器、湿度传感器等,用于实时监测冷链加工过程中的关键参数,确保产品质量。

1.2 设备选型原则与依据

设备选型应遵循以下原则:第一,根据产品特性和加工要求,选择适合的设备类型;第二,考虑设备的可靠性、稳定性和安全性;第三,关注设备的能耗、环保性能以及投资成本;第四,结合企业生产规模和发展需求,合理配置设备。选型依据主要包括产品类型、加工工艺、生产规模、设备性能、投资预算等。

1.3 设备布局设计及优化

合理的设备布局可以提高生产效率、降低能耗、保证产品质量。设备布局设计应考虑以下因素:第一,根据生产工艺流程,合理安排设备的位置,确保生产过程顺畅;第二,考虑设备间的配合与协调,提高生产自动化程度;第三,充分利用空间,减少无效作业面积,降低能耗;第四,注重安全、环保、人性化设计,改善生产环境。

优化设备布局的方法有:采用先进的布局设计软件,进行模拟分析和优化;结合实际生产情况,不断调整和改进布局方案;引入智能化、自动化设备,提高生产效率;加强设备维护保养,确保设备性能稳定。优化设备布局,可以实现生产过程的标准化、高效化,提高产品质量。

任务2 保温材料与隔热技术

2.1 保温材料种类及性能

在冷链加工过程中,保温材料的选择对维持产品温度至关重要。市场上主流的保温材料如聚氨酯、聚苯乙烯和聚氯乙烯,均因其卓越的绝热性能而能有效阻断热量传递。聚氨酯材料因轻质、高强度及出色的耐热与耐寒特性,在冷链设施中备受青睐。聚苯乙烯材料不仅保温效果上佳、耐久性强,而且成本相对较低,因此在冷链加工领域也有广泛应用。聚氯乙烯材料则凭借其良好的化学稳定性和耐腐蚀性,特别适用于特殊环境下的冷链设施。这些保温材料的选用,直接关系着冷链加工过程中产品质量的保持以及能源的节约。

2.2 隔热技术的应用与优化

隔热技术在冷链加工中扮演着举足轻重的角色,其中,真空隔热技术和气凝胶隔热技术是两种备受推崇的方法。真空隔热技术是通过在保温材料内部创造一个真空层来实现的。这一技术显著降低了热传导和对流,从而达到了出色的隔热效果。其原理在于真空状态下几乎没有物质可以传递热量,因此能够大幅度减少热量的流失。气凝胶隔热材料以其极低的热导率和出色的耐温性能而备受青睐。这种材料无论是在高温还是在低温环境下都能保持良好的隔热性能,使其成为冷链加工中的理想选择。气凝胶内部的纳米级孔隙结构有效阻碍了热量的传递,提供了卓越的保温效果。在实际应用中,冷链加工的要求各不相同,因此隔热技术的优化变得尤为关键。例如,采用多层复合结构可以进一步增强隔热效果。这种结构利用不同材料之间的热阻差异,形成多个隔热层,从而更有效地减少热量传递。此外,增大隔热层的厚度也是提高保温效果的有效手段。

任务3 冷链加工过程中的质量控制

3.1 影响质量的因素

冷链加工过程中的质量受多种因素影响,主要包括原料质量、加工工艺、设备性能、环境温湿度、人员操作技能等。以原料质量为例,新鲜度、成熟度、规格等级等都会直接影响加工产品的品质。此外,加工工艺的合理性、设备的稳定性及精度、环境温湿度等,都对产品质量具有显著影响。因此,在冷链加工过程中,需全面考虑这些因素,以确保产品质量。

3.2　质量控制策略与措施

3.2.1　严格原料验收

在冷链加工过程中,原料质量的把控是确保最终产品品质的重中之重。企业必须推行严密的原料验收标准,对每一批次的原料都进行细致入微的检查。在验收环节,应着重关注原料的外观是否完好、色泽是否正常、气味是否新鲜,这些都是直观反映原料新鲜度和品质的重要指标。同时,新鲜度也是一个关键因素,它直接影响最终产品的口感和保质期。除了感官检查,科学的理化指标和微生物指标检测也是必不可少的环节。这些检测能够客观地评估原料的安全性,及时发现潜在的风险。理化指标可以反映原料的成分和性质,而微生物指标则能揭示原料是否存在微生物污染,从而确保只有安全、合格的原料才能进入生产流程。此外,建立原料追溯系统也是保障原料质量的有效手段。通过追溯系统,企业可以清晰掌握原料的来源和流向,一旦发现问题,可以迅速定位并采取措施,防止问题扩大。这种从源头开始的严格把控,不仅有助于提升产品质量,还能提升消费者对产品的信任度。

3.2.2　优化加工工艺

为了不断提升产品品质,企业应致力于加工工艺的持续优化,进而增强产品的稳定性。这可以通过多种途径实现,如积极研发新的加工技术,这些技术可能涉及更高效的热量处理方法、更科学的成分混合方式等,旨在最大限度地保留原料的天然优点。同时,对现有工艺流程进行精细化改进也至关重要,比如调整加工顺序、优化温度和时间控制,以减少不必要的营养成分损失,确保产品风味和口感的纯正。引入先进的加工设备同样不可忽视,高性能的设备不仅能提高生产效率,还能在加工过程中更精确地控制各种参数,从而生产出更高品质的产品。通过这些优化措施,企业可以期望达到减少营养成分在加工过程中的损失、保持甚至提升产品的原有风味和口感,并且有效延长产品的保质期。此外,市场环境和消费者需求是不断变化的,这就要求企业必须定期对加工工艺进行全面的评估和调整。

3.2.3　选用高性能设备

为了生产出高品质的产品,企业必须精心选择高性能、高精度的加工设备。这类设备不仅在生产效率上具有显著优势,更重要的是其稳定性和可控性能够大大降低生产过程中的风险。高性能设备往往配备了先进的控制系统,能够实现更高程度的自动化,从而有效减少人为操作失误,确保每一个生产环节都精确无误。此外,高精度设备在处理原料时能够更精确地控制温度、压力和时间等关键参数,最大限度地保留原料的营养成分和口感,同时避免产品在加工过程中受到不必要的损害。这种精细化的加工方式对于提升产品质量至关重要。然而,设备的高性能和高精度并不仅仅体现在其初始状态,更在于长期的稳定运行。因此,企业应建立严格的设备维护和保养制度,定期检查设备的运行状态,及时发现并解决潜在问题。

3.2.4　加强环境控制

为了做到这一点,企业必须采取有效的温湿度控制措施。安装先进的温湿度监控系统是其中的重要一环,这样的系统能够实时监测加工环境中的温湿度变化,确保加工过程始终处于适宜的环境条件下。精确的传感器和高效的数据处理能力能够在温湿度超出设定范围时及时发出警报,以便工作人员迅速做出调整。除了对监控系统的运用,企业还应定期对加工车间进行全面的清洁和消毒。这一步骤至关重要,因为它不仅有助于保持环境清洁卫生,更能有效防止产品受到污染。通过使用专业的清洁剂和消毒剂,彻底清除车间内的污垢、细菌和病毒,从而确保加工过程中的卫生安全。这些措施的综合应用,能够显著提升冷链加工产品的品质稳定性。温湿度控制保证了产品在加工过程中不会因环境变化而受损,而清洁和消毒工作则有效降低了微生物污染的风险。

3.2.5　提高操作技能

为了不断提升操作人员的技能,企业应该制订全面的培训计划,并结合实践操作进行指导。这样的培训应涵盖对设备操作的熟练度、对工艺流程的深入理解以及对质量控制方法的掌握。通过系统的培训,操作人员能够更准确地执行每一步加工流程,确保产品的品质稳定。除了基础技能培训,增强操作人员的质量意识也至关重要。每位操作人员只有深刻理解产品质量的重要性,并将其视为自己的责任时,才能在日常工作中时刻保持警惕,减少操作失误。为了激励操作人员持续提升自身技能,企业还可以建立相应的激励机制和考核机制。定期的技能考核,不仅可以评估操作人员的技能水平,还能及时发现并纠正可能存在的问题。同时,对表现优秀的操作人员给予适当的奖励和晋升机会,将极大地激发他们的学习热情和工作动力。

3.2.6　完善管理体系

为保障品质,企业应精心制订质量管理计划和程序文件,详尽规定从原料采购到产品出厂的每一环节。明确各部门与人员的具体职责与权限,使得每个环节都有明确的责任主体,确保工作高效执行。在整个生产过程中,实施严密的质量控制措施是不可或缺的。这涵盖了对原料的严格验收,以确保原料品质优良;对加工过程的实时监控,通过关键控制点的设立和精准记录,保证生产流程的稳定与可控;以及对成品的全面检验,旨在确认产品完全符合预设的质量标准。此外,一个高效的质量信息反馈机制也是质量管理体系中不可或缺的一环。这一机制能够迅速捕捉生产过程中的问题,为管理层提供及时、准确的质量数据,从而指导企业进行针对性的改进。通过这种持续不断的优化过程,质量管理体系得以日臻完善,产品质量水平也随之稳步提升。

3.3　质量检测与监控技术

3.3.1　物理检测技术

在冷链加工过程中,物理检测是质量检测的基础环节。通过测量产品的尺寸、重量、硬度等物理指标,我们能够直观地判断产品是否符合预设的标准要求。这些物理指标不仅关乎产品的外观和实用性,还能反映出加工过程的稳定性和精确度。例如,尺寸的准确性直接影响产品的装配和使用效果,而对重量和硬度的控制则关系着产品的耐用性和舒适性。因此,在冷链加工中,物理检测技术的运用至关重要,它为我们提供了一种快速、有效的质量评估手段。

3.3.2　化学检测技术

化学检测在冷链加工过程中的质量检测环节扮演着重要角色。它主要对产品中的营养成分、有害物质等进行分析,从而确保产品的安全和卫生。通过化学检测,我们可以精确地了解产品中各种化学成分的含量,如蛋白质、脂肪、碳水化合物等营养成分,以及重金属、农药残留等有害物质的含量。这些数据不仅为消费者提供了关于产品安全性和营养价值的详细信息,也为生产企业提供了改进工艺、提升产品质量的依据。

3.3.3　微生物检测技术

在冷链加工过程中,微生物检测是确保产品卫生状况的关键环节。通过检测产品中的细菌总数、大肠杆菌等微生物指标,我们能够准确评估产品的卫生状况,从而保障消费者的健康和安全。微生物检测技术的运用,不仅有助于及时发现潜在的卫生问题,还能为生产企业提供改进清洁和消毒流程的依据。因此,在冷链加工过程中,微生物检测技术发挥着不可或缺的作用。

3.3.4　在线监控系统

在线监控系统在冷链加工过程中扮演着至关重要的角色。该系统利用传感器、摄像头等先进设备,实时监测加工过程中的关键参数,如温度、湿度、压力等。一旦发现异常情况,系统能够立即发出警报,提醒操作人员及时采取措施,从而确保产品质量和安全。在线监控系统的引入,不仅提高了生产过程的透明度和可追溯性,还为生产企业提供了强大的数据支持,有助于实现更精细化的质量管理和控制。

3.3.5　数据分析与处理

数据分析与处理在冷链加工过程中的质量检测与监控中占据着举足轻重的地位。通过收集和分析生产过程中的大量数据,我们能够更深入地了解产品质量问题的根源,为质量控制提供有力的依据。例如,对生产过程中产生的温度、湿度、压力等数据进行分析,可以帮助我们优化生产工艺,提高产品稳定性;对微生物检测数据进行分析,则有助于我们发现潜在的卫生风险,及时采取防控措施。因此,数据分析与处理技术的运用,对于提升冷链加工过程中的质量检测与监控水平具有重要意义。

任务4　冷链设施设备的维护与管理

4.1　设备维护保养的重要性

冷链设施设备是保障食品安全、提高食品品质的重要环节。设备的正常运行对整个冷链加工过程至关重要。设备维护保养的重要性主要体现在以下几个方面:第一,定期维护保养可以延长设备使用寿命,降低设备更换频率,从而节约企业成本;第二,维护保养有助于提高设备运行效率,确保生产过程稳定,减少生产事故;第三,合理的维护保养可以降低设备故障率,减少因设备故障导致的生产停滞,提高企业经济效益。

4.2　设备维护保养内容与方法

冷链设施设备的维护保养内容主要包括以下几个方面:一是日常巡检,对设备运行状态、温度、压力等参数进行监测,发现问题及时处理;二是定期保养,根据设备使用说明书制订保养计划,对设备进行清洁、润滑、紧固、调整等操作;三是设备维修,针对设备故障进行排查、修复,确保设备正常运行。维护保养方法主要包括预防性维护、预见性维护和事后维护。预防性维护是根据设备运行规律,定期对设备进行检查、保养;预见性维护是利用现代监测技术,对设备运行状态进行实时监控,预测潜在故障并提前处理;事后维护则是在设备出现故障后进行修复。

4.3　设备管理制度与规范

为确保冷链设施设备维护保养工作顺利进行,企业应建立健全设备管理制度与规范。具体包括:一是制订设备维护保养计划,明确保养周期、内容和方法;二是建立设备维护保养档案,详细记录设备运行状况、保养维修情况等;三是制定设备操作规程,对设备操作人员进行培训,确保设备安全、合理使用;四是建立健全设备故障应急预案,提高应对突发事故的能力;五是加强设备管理队伍建设,提高设备管理人员的业务素质和责任心。

通过以上措施,企业可以有效提高冷链设施设备的运行效率,降低生产成本,确保食品安全和食品品质。同时,为适应市场需求,企业还应不断更新设备、改进技术,提高冷链加工的整体水平。

任务5　冷链加工辅料的选择与应用

5.1　辅料种类与功能

在冷链加工过程中,辅料的选择对于保障产品质量、提高生产效率具有重要意义。常见的冷链加工辅料包括保温材料、密封材料、制冷剂、清洗剂等。保温材料具有良好的保温性能,能有效降低能源消耗;密封材料可确保冷链设施的密封性,防止外界微生物和尘埃侵入;制冷剂在制冷设备中起着关键作用,直接影响制冷效果;清洗剂则用于保持设备清洁,防止交叉污染。

5.2　辅料选择原则

在选择冷链加工辅料时,应遵循以下原则:第一,确保辅料的质量符合国家标准,不得对产品质量造成影响;第二,根据生产需求选择适合的辅料,充分考虑其性能、价格、使用寿命等因素;第三,还需关注辅料的环保性,避免对环境造成污染。依据这些原则,企业可以从众多供应商中筛选出合适的辅料,为冷链加工提供保障。

任务6　冷链加工中的食品安全问题

6.1　食品安全风险来源与防控

在冷链加工过程中,食品安全风险主要来源于原料污染、加工环境、设备污染、人为操作失误等方面。为保障食品安全,首先应对原料进行严格把关,确保其来源可靠、质量合格。同时,加强对加工环境的卫生管理,定期对设备进行清洗、消毒,降低微生物污染风险。此外,增强员工食品安全意识,规范操作流程,减少人为失误。

针对食品安全风险,防控措施主要包括源头控制、过程控制、末端检测和应急处理。源头控制主要是对原料、辅料进行严格筛选和检测;过程控制则是加强对生产环节的卫生管理和质量监控;末端检测则是对成品进行食品安全检测,确保产品质量;应急处理则是在发生食品安全事故时,迅速采取措施,降低事故影响。

6.2 食品安全检测技术及应用

食品安全检测技术主要包括理化检测、生物检测和快速检测。理化检测主要用于检测食品中的有害物质、微生物等指标;生物检测则是利用生物学原理,对食品中的病原体进行检测;快速检测技术具有操作简便、检测速度快等特点,适用于现场快速筛查。

在冷链加工过程中,食品安全检测技术的应用主要包括原料检测、过程监控、成品检验和追溯体系。原料检测确保原料安全;过程监控及时发现和处理问题;成品检验保证产品质量;追溯体系则有助于追踪问题来源,为食品安全管理提供有力支持。

项目二　果蔬类加工产品及技术

任务1　果蔬类冷链加工概述

1.1　适用范围

果蔬类冷链加工技术主要适用于新鲜水果、蔬菜的采后处理、储藏、运输和销售环节。随着消费者对食品安全、营养、口感等方面的要求不断提高,果蔬类冷链加工技术得到了广泛关注。该技术能够有效降低果蔬在采后环节的损失,保证产品的新鲜度和口感,满足市场对高品质果蔬的需求。此外,果蔬类冷链加工技术还对降低农产品产后损耗、减少资源浪费、提高农业附加值具有重要意义。

1.2　发展现状

近年来,我国果蔬类冷链加工技术取得了显著的发展。一方面,政府加大对农产品冷链物流体系建设的支持力度,推动了果蔬类冷链加工技术的研发与应用;另一方面,企业、科研院所等纷纷投入力量,开展技术创新,提高了果蔬类冷链加工的整体水平。

目前,果蔬类冷链加工技术主要包括预冷、清洗消毒、切割加工、冷藏、冷冻和真空冷冻干燥等环节。这些技术在我国已取得了较好的应用效果,但仍存在一定的问题。例如,部分技术设备落后、能耗高、操作不规范等,导致果蔬产品质量不稳定。为进一步提高果蔬类冷链加工技术水平,有必要加强科研攻关,优化工艺流程,提升设备性能,完善标准体系,确保产品质量。

任务2　果蔬采后生理特性与品质保持

2.1　采后生理变化

果蔬在采摘后,其生理活动并未停止,仍会经历一系列复杂的生理变化。主要包括呼吸作用、蒸腾作用、乙烯合成、营养成分转化等。这些变化直接影响着果蔬的品质和储藏寿命。以呼吸作用为例,果蔬在采后初期,呼吸作用较为旺盛,消耗自身营养成分,导致品质下降。因此,了解和掌握果蔬采后的生理变化,对保障其品质具有重要意义。

2.2　品质保持关键技术

为了延长果蔬的储藏寿命,保持其优良品质,科研人员研究了一系列品质保持关键技术。主要包括低温预处理、气调储藏、生物保鲜剂处理、臭氧水处理等。这些技术通过调控果蔬的生理活动,减缓其品质下降速度,从而实现品质保持的目的。

以气调储藏为例,通过降低氧气浓度、提高二氧化碳浓度,可以抑制果蔬的呼吸作用,减少营养成分的消耗,同时降低乙烯合成,延缓果蔬的老化。此外,生物保鲜剂如壳聚糖、茶多酚等,具有抗氧化、抗菌作用,可以有效地保持果蔬品质。

2.3　影响品质的主要因素

2.3.1　品种对果蔬采后品质的影响

不同品种的果蔬,具有各异的生理特性和耐储藏性,这些因素直接关系着其品质的持久性。某些品种的果蔬天生就具有较长的保鲜期和良好的口感保持能力,即使在长时间的储存后,依然能保持其原有的风味和营养价值。因此,在选择种植或采购果蔬时,品种的选择是一个至关重要的考虑因素。通过精心挑选适合当地气候和储藏条件的品种,可以有效地延长果蔬的保鲜期,从而提高其市场竞争力。

2.3.2 成熟度与果蔬采后品质的关系

成熟度适中的果蔬,其细胞结构更为稳定,营养成分和风味物质也更加丰富,从而在储藏过程中能够更好地保持其品质。过早采摘的果蔬,可能因未完全成熟而导致口感不佳,营养成分也不足;而过晚采摘的果蔬,则可能因过度成熟而容易腐烂变质。因此,准确把握果蔬的成熟度,是确保采后品质的关键。

2.3.3 采后处理对果蔬品质的影响

果蔬在采摘后的处理过程中,会经历预冷、清洗、切割等多个环节,这些环节对果蔬品质的影响不容忽视。合理的采后处理可以降低果蔬在采摘、运输和储藏过程中的机械损伤,减少营养成分的流失,从而减缓品质下降的速度。例如,通过预冷处理可以迅速降低果蔬的温度,抑制其呼吸作用和酶活性,延长保鲜期;而清洗和切割过程中则需要注意卫生和操作规范,以避免二次污染和营养损失。

2.3.4 储藏条件与果蔬品质的保持

温度、湿度和气体成分等环境因素都会对果蔬的呼吸作用、蒸腾作用和酶活性产生影响,进而影响其品质的保持。适宜的储藏条件可以有效地延长果蔬的保鲜期,减少营养成分的损失和风味的变化。例如,低温储藏可以抑制果蔬的呼吸作用和微生物的生长繁殖,从而减缓品质劣变的速度,而适宜的湿度则可以保持果蔬的水分含量和新鲜度。

2.3.5 微生物污染对果蔬品质的影响及防范措施

在储藏过程中,果蔬容易受到各种微生物的污染,这些微生物会分解果蔬中的营养成分和风味物质,导致其品质下降甚至腐烂变质。因此,加强果蔬的清洗与消毒工作至关重要。通过有效的清洗,可以去除果蔬表面的污垢和微生物;而消毒处理则可以进一步杀灭或抑制微生物的生长繁殖,从而确保果蔬在储藏过程中的品质稳定。同时,合理的储藏环境和包装方式也可以减少微生物的污染风险。

任务 3 果蔬加工前处理

3.1 加工用水处理

果蔬加工用水量远大于其他食品加工的用水,除日常的锅炉用水和场地、设备的清洁用水外,大量的是直接加工产品用水,如原料清洗、烫漂、硬化、护色、制浆等用水。加工直接用水是许多果蔬加工产品中的主要成分,水质的好坏直接影响加工产品的品质,因此,水的质量控制是果蔬加工过程中的一个十分重要环节。果蔬加工用水,前提是必须符合国家规定的《生活饮用水卫生标准》,即完全透明、无杂物、无异味、无致病菌、无耐热性微生物及寄生虫卵、不含对人体有害的物质等。目前,工厂中常用的再处理方法有过滤法、软化法、除盐法和消毒法等。

3.2　加工原料的选用与处理

我国的果蔬原料种类和品种繁多,虽然大都可以作为加工原料,但考虑到有些种类风味不特别、加工难度较大、加工附加值不高、加工成本高等因素不利于加工。另外,同类原料品种之间的理化性质各异,适宜加工品的种类亦不同。还有加工原料的收获期不同,其成分组成亦有差异,因此,各种加工制品选择适合的种类和品种作为原料是加工优良制品的首要条件。

任务4　加工原料的选用与处理

4.1　原料选用

目前,果蔬加工制品的种类主要有果蔬干制品、果蔬罐藏制品、蔬菜腌制品、果蔬糖制品、果蔬汁制品、果蔬速冻制品、果酒和果酱酿造等。

果蔬原料的种类即原料的特性决定着加工制品的种类。不同的原料加工成不同的制品,不同的制品需要不同的原料(见表5-1)。

表5-1　不同的制品需要不同的原料

加工制品种类	加工原料特性	果蔬原料种类
干制品	干物质含量较高,水分含量较低,可食部分多,粗纤维少,风味及色泽好的种类和品种	枣、柿子、山楂、龙眼、杏、胡萝卜、马铃薯、辣椒、南瓜、洋葱、姜及大部分的食用菌等
罐藏制品 糖制制品 冷冻制品	肉厚、可食部分大、耐煮性好、质地紧密、糖酸比适当,色香味好的种类和品种	一般大多数的果蔬均可进行此类加工制品的加工
果酱类	含有丰富的果胶物质、较高的有机酸含量、风味浓、香气足	水果中的山楂、杏、草莓、苹果等,蔬菜类的番茄等

续表 5-1

加工制品种类	加工原料特性	果蔬原料种类
果蔬汁制品 果酒制品	汁液丰富,取汁容易,可溶性固形物高、酸度适宜、风味芳香独特、色泽良好及果胶含量少的种类和品种	葡萄、柑橘、苹果、梨、菠萝、番茄、黄瓜、芹菜、大蒜、胡萝卜及山楂等
腌制品	一般应以水分含量低、干物质较多、内质厚、风味独特、粗纤维少为好	原料的要求不太严格,优良的腌制原料有芥菜类、根菜类、白菜类、榨菜、黄瓜、茄子、蒜、姜等

4.2 原料成熟度、新鲜度与加工

加工原料越新鲜,加工的品质越好,损耗率也越低。果品蔬菜要求从采收到加工的时间尽量短,如果必须放置或进行远途运输,则应采用一系列的保藏措施。蘑菇、芦笋要在采后 2~6 h 内加工,青刀豆、蒜薹不得超过 1~2 d;大蒜、生姜采后 3~5 d;甜玉米采后 30 h,就会迅速老化,含糖量下降近一半,淀粉含量增加,水分也大大下降,影响加工品的质量。水果如桃采后若不迅速加工,果肉会迅速变软,因此要求在采后 1 d 内进行加工;葡萄、杏、草莓及樱桃等必须在 12 h 内进行加工;柑橘、梨、苹果应在 3~7 d 内进行加工。

4.3 原料处理

4.3.1 常规处理

原料的分级是食品加工中的重要环节,它确保了产品质量和加工效率。通过分级,我们可以根据原料的大小、成熟度或质量进行分类,为后续加工提供便利。原料洗涤则是为了去除表面的污垢和微生物,保证食品的卫生安全。去皮过程能去除原料的外皮,提升产品的口感和外观。而原料的切分、去心、去核和修整,则是为了进一步提高原料的利用率和产品的标准化程度,使最终产品更符合市场需求。这些步骤共同确保了食品加工的精细化和标准化。

4.3.2 热烫处理

由于果蔬组织嫩脆,其细胞的膨压较大,经烫漂后细胞组织死去、膨压消失。同时可以除去表皮的黏性物质,使蔬菜颜色更加鲜艳。用以罐藏的原料需要进行烫漂,才可改善制品的品质。

原料经过烫漂处理后,造成细胞壁和细胞膜分离,细胞膜的透性增强,因而进行干制时细胞组织内的水分更容易蒸发出来,从而加快了脱水速度,干制品在加水复原时容易重新吸收水分。如果进行蜜制品时,烫漂可以缩短加糖煮制的时间。

有些蔬菜含苦味、辛辣刺激物质,经过烫漂之后即可减少其苦味、涩味及辣味,无论是罐藏还是干制,均可使这类蔬菜制品的品质明显地得到改善。进行烫漂时,还可以杀灭果蔬表面附着的部分微生物和虫卵。

4.3.3　硬化处理

硬化处理是指一些果蔬制品,要求具有一定的形态和硬度,而原料本身又较为柔软、难以成形、不耐热处理等,为了增大制品的硬度,常将原料放入石灰、氯化钙等稀溶液中浸泡。因为钙、镁等金属离子,可与原料细胞中的果胶物质生成不溶性的果胶盐类,从而提高制品的硬度和脆性。一般进行石灰水处理时,其浓度为 1%～2%,浸泡 1～24 h;用氯化钙处理时,其浓度为 0.1%～0.5%。经过硬化处理的果蔬,必须用清水漂洗 6～12 h。

4.3.4　护色处理

第一,热烫。将去皮切分的原料,迅速用沸水或蒸汽热烫 3～5 min,从而达到抑制酶的活性,即可防止酶褐变。

第二,食盐水。食盐溶于水中后,能减少水中的溶解氧,从而可抑制氧化酶系统的活性,食盐溶液具有高的渗透压也可使细胞脱水失活。

第三,酸性溶液。酸性溶液既可降低 pH、降低多酚氧化酶活性,又使氧气的溶解度较小而兼有抗氧化作用,从而抑制氧化酶的活性。

第四,亚硫酸溶液。二氧化硫能与有机过氧化物中的氧化合,使其不生成过氧化氢,从而使过氧化酶失去氧化作用。

第五,抽空处理。将原料在一定的介质里置于真空状态下,使内部空气释放出来,代之以糖水或无机盐水等介质的渗入,从而抑制氧化酶的活性,防止酶褐变。常用的介质有糖水、食盐、柠檬酸等。

任务 5　果蔬切割与加工技术

5.1　切割技术种类与适用范围

果蔬切割技术主要包括手工切割、机械切割和激光切割等。手工切割适用于家庭和小规模生产,灵活性强,但效率低下,劳动强度大。机械切割则广泛应用于大规模生产线,具有高效、稳定、切割质量好等优点。此外,激光切割技术在果蔬加工领域逐渐兴起,主要应用于高精度切割,如蔬菜的雕花、水果的去皮等。不同切割技术有其特定的适用范围,需根据实际生产需求进行选择。

5.2 切割设备选择与应用

切割设备的选择应根据切割技术、果蔬种类和生产规模等因素综合考虑。对于机械切割,常见的设备有切片机、切条机、切块机等。这些设备具有切割速度快、效率高、操作简便等特点。在激光切割设备方面,目前市场上主要有CO_2激光切割机、光纤激光切割机等。切割设备的应用需注意设备调试、操作培训、维护保养等方面,以保证切割质量和设备寿命。

5.3 品质保持措施

5.3.1 切割前预处理的重要性

果蔬切割前的预处理环节至关重要。在加工前,对果蔬进行彻底的清洗、消毒以及去皮步骤,是确保产品安全与卫生的基础。这些预处理措施旨在最大限度地减少微生物的污染,并预防切割过程中可能出现的损伤。清洗能够去除果蔬表面的污垢和农药残留,消毒则能杀灭潜在的病菌,而去皮则可以进一步减少外部污染的风险。通过这些预处理步骤,我们可以为后续的切割和加工环节奠定一个干净、安全的基础。

5.3.2 选择合适的切割工具

选择合适的切割工具对保持果蔬品质同样重要。理想的切割工具应该锋利、卫生且耐用。锋利的刀具能够减少切割时的摩擦和阻力,从而降低果蔬的损伤程度。同时,工具的卫生状况也直接关系产品的微生物污染风险。耐用的工具则能确保长时间的稳定使用,避免因工具磨损而导致的切割质量问题。

5.3.3 切割速度与压力的控制技巧

在果蔬切割过程中,合理控制切割速度和压力是保持品质的关键。过快的切割速度可能导致果蔬组织损伤,过慢则可能增加汁液流失和微生物污染的风险。同样,过大的切割压力会压碎果蔬细胞,影响口感和营养价值,压力不足则可能导致切割不完整。因此,操作人员需要熟练掌握切割技巧,以达到最佳的切割效果。

5.3.4 切割后的及时处理

切割后的果蔬需要及时进行后续处理,以保持其品质。冷藏是常用的保存方法,它可以有效减缓果蔬的氧化和褐变过程,延长产品的保质期。此外,真空包装也是一个有效的选择,它能隔绝空气,减少氧气对果蔬的氧化作用,从而保持果蔬的新鲜度和口感。这些及时处理措施对于确保果蔬品质至关重要。

5.3.5　加强卫生管理的必要性

在果蔬切割与加工过程中,加强卫生管理至关重要。切割车间应保持整洁,严格控制温湿度和空气流速,以降低微生物污染的风险。定期的清洁和消毒工作也是必不可少的,包括对切割工具、设备和操作台的清洁与消毒。通过这些措施,我们可以确保果蔬加工过程的安全性和卫生性,从而保障产品的品质。

5.3.6　品质检测与监控的重要性

为了确保果蔬切割与加工过程中的品质,实时的品质检测与监控是必不可少的。通过在线检测和理化指标检测等方法,我们可以及时发现问题并采取相应的纠正措施。这些检测手段能够帮助我们了解果蔬在加工过程中的品质变化,如色泽、口感、营养成分等方面的变化。通过不断的监控和调整,我们可以确保产品始终符合高品质的标准,从而提高产品的附加值和市场竞争力。

任务6　果蔬冷藏技术

6.1　冷藏原理及关键参数

果蔬冷藏技术是通过降低产品储藏环境的温度,抑制果蔬的呼吸作用和微生物的生长繁殖,从而延长其货架寿命。冷藏的基本原理是利用制冷系统将热量从冷藏库内移出,达到低温环境。关键参数包括冷藏温度、相对湿度、气体成分(如氧气和二氧化碳浓度)等。这些参数的合理控制对保持果蔬品质至关重要。

6.2　冷藏设备种类与特点

目前,常见的果蔬冷藏设备有冷库、冷藏集装箱、冷藏车等。冷库是果蔬冷藏的主要设施,具有较大的储存容量和稳定的温湿度控制性能。冷藏集装箱和冷藏车则适用于果蔬的长途运输,具有灵活性和便捷性。这些设备的特点是能够在不同的场合满足果蔬冷藏的需求,有效保障果蔬品质。

6.3　管理要点

果蔬冷藏技术的管理要点主要包括以下几点。

(1)温度控制:根据不同果蔬的适宜冷藏温度,合理设定制冷设备的温度参数,确保库内温度稳定。

(2)相对湿度控制:保持相对湿度在适宜范围内,避免果蔬失水或发生病害。

(3)气体成分控制:通过调节氧气和二氧化碳浓度,抑制果蔬的呼吸作用,延长其货架寿命。

(4)卫生管理:定期对冷藏设备进行清洁和消毒,防止微生物污染。

(5)货物管理:合理堆放果蔬,避免挤压和损伤,同时注意通风,保持库内空气流通。

通过以上管理要点,可以确保果蔬在冷藏过程中的品质,为消费者提供新鲜、安全的果蔬产品。

任务7 果蔬冷冻技术

7.1 冷冻原理及关键参数

冷冻技术是果蔬类冷链加工的重要环节,其基本原理是利用低温将果蔬中的水分冻结,从而抑制微生物的生长和酶的活性,达到延长果蔬保鲜期的目的。冷冻过程中的关键参数包括冷冻温度、冷冻速率、冷冻时间等。冷冻温度一般应控制在-18 ℃以下,以确保果蔬内部水分充分冻结。冷冻速率越快,对果蔬品质的保持越有利,因为快速冷冻可以减少冰晶的形成,降低对果蔬细胞结构的破坏。冷冻时间则根据果蔬的种类和体积来决定。

7.2 冷冻设备种类与特点

目前,市场上冷冻设备种类繁多,主要包括以下几种。

(1)冷藏冷冻设备:通过压缩机和制冷剂循环制冷,果蔬在低温环境下冻结。此类设备操作简便,应用广泛。

(2)速冻设备:采用快速冷冻技术,使果蔬在短时间内迅速冻结。速冻设备具有冷冻速率快、冰晶小、对果蔬品质损害小的优点。

(3)真空冷冻干燥设备:在真空环境下,利用冷冻干燥原理,将果蔬中的水分升华,达到干燥和保鲜的目的。此类设备具有较高的保鲜效果,但成本较高。

7.3 品质控制

为了确保果蔬冷冻加工过程中的品质,需要采取以下几项措施。

（1）选择合适的冷冻设备：根据果蔬的种类和需求，选择合适的冷冻设备，以保证冷冻效果。

（2）控制冷冻参数：严格把控冷冻温度、速率和时间等关键参数，以减少冷冻过程中对果蔬品质的影响。

（3）预处理和包装：在冷冻前对果蔬进行适当的预处理，如清洗、切割等，并采用合适的包装材料和方法，以防止冷冻过程中的污染和水分损失。

（4）储存管理：在冷冻储存过程中，要注意温度和湿度的控制，避免温度波动和结霜现象，确保果蔬品质。

通过以上措施，可以有效地提高果蔬冷冻加工的品质，延长果蔬的保鲜期，满足市场需求。

任务8　果蔬真空冷冻干燥技术

8.1　真空冷冻干燥原理及优势

真空冷冻干燥技术是一种在真空条件下，通过低温预冻和升温升华的方式去除物料中的水分，从而达到干燥的目的。该技术具有以下优势：第一，由于在低温下进行干燥，能有效保留果蔬中的营养成分和生物活性物质，使其品质得到保障；第二，由于真空条件下水分直接从固态升华为气态，不会产生液态，因此可以保持物料原有的结构和形态；第三，该技术还具有干燥速率快、能耗低、污染小等优点。

8.1　设备选择与应用

针对果蔬真空冷冻干燥，目前市场上主要有两种类型的设备：间歇式和连续式。间歇式设备适用于小批量、多品种的生产，具有操作简便、投资低等优点；连续式设备则适用于大批量生产，具有生产效率高、自动化程度高等特点。在实际应用中，企业需根据生产规模、产品种类及品质要求等因素选择合适的设备。

8.2　关键参数控制

果蔬真空冷冻干燥过程中，关键参数的控制对产品品质具有重要影响。以下为几个重要参数。

（1）预冻温度：预冻温度应低于物料冰点，以确保物料中的水分充分冻结。预冻温度过低，会导致物料中水分结晶速度慢，干燥效果差；预冻温度过高，则可能导致部分水分未能冻结，影响干燥效果。

（2）升华温度：升华温度应控制在物料允许范围内，以避免过高温度导致物料营养成分损失，过低温度则影响干燥速率。

（3）真空度：真空度越高，干燥速率越快，但过高的真空度可能导致设备能耗增加。一般而言，果蔬真空冷冻干燥的真空度控制在 0.01~0.1 MPa。

（4）干燥时间：干燥时间取决于物料种类、厚度和干燥温度等因素。干燥时间过短，可能导致物料内部水分未能充分去除；干燥时间过长，则可能导致物料过度干燥，影响品质。

通过严格控制上述关键参数，可以有效保证果蔬真空冷冻干燥产品的品质。

项目三　肉类加工产品及技术

任务1　肉类加工原料

1.1　原料肉的来源与种类

肉类加工原料主要来源于动物屠宰后的胴体，包括猪、牛、羊、禽类等。这些原料肉可分为红肉和白肉两大类。红肉主要包括猪肉和牛肉，其肉质较为鲜嫩，富含蛋白质、脂肪和矿物质等营养成分，深受消费者喜爱。白肉主要包括禽类和羊肉，肉质较为瘦嫩，脂肪含量较低，适合制作低脂肉类产品。此外，还有其他特种肉类，如鹿肉、兔肉等，它们在肉类加工中也占有一席之地。

1.2　原料肉的品质鉴定与处理

原料肉的品质鉴定是保证肉类产品质量的关键环节。鉴定内容包括肉质、色泽、气味、弹性等方面。优质原料肉应具备以下特点：肉质鲜嫩、色泽鲜艳、气味正常、弹性良好。在鉴定原料肉品质后，需对其进行处理，包括去骨、去皮、去脂肪、分割等，以确保肉类产品的口感和营养价值。

1.3　原料肉的保鲜与储运

原料肉的保鲜与储运对保持肉类产品质量具有重要意义。在肉类加工过程中，常用的保鲜方法有冷藏、冷冻、真空包装等。冷藏保鲜是通过降低温度，抑制微生物的生长和繁殖，延长肉类产品的保质期。冷冻保鲜则是将肉类产品在极低温度下冻结，使微生物和酶活性受到抑制，达到长期保存的目的。

在储运过程中，应遵循以下原则：保持肉类产品在适宜的温度下运输和储存,避免温度波动过大;确保包装完好,防止外界微生物污染;合理堆码,避免挤压和摩擦,降低肉类产品的损耗。此外,智能化和自动化技术在肉类储运领域的应用,有助于提高肉类产品的保鲜效果和储运效率。

任务2 肉类加工技术

2.1 腌制技术

2.1.1 干腌法

干腌法是利用干盐(结晶盐)或混合盐,先在食品表面擦透,即有汁液外渗现象,然后层层堆叠在腌制架或腌制容器中,各层间均匀地撒上食盐,依次压实,在外加压力或不加压力的条件下,依靠外渗汁液形成盐液进行腌制的方法。

在腌制过程通常需定期地将上下层食品依次翻转,又称为翻缸。同时,要加盐复腌,每次复腌用盐量为开始时的一部分,通常2~4次。腌制肉时食盐用量通常为17%~20%;冬天可减少,14%~15%;芥菜、雪里蕻等通常7%~10%,夏季通常14%~15%。

干腌的优点:操作简单、制品较干,易保藏;无须特别当心;营养成分流失少。

干腌的缺点:腌制不均匀、失重大、味太咸、色泽较差,若用硝酸盐,色泽可以好转。

我国的名产金华火腿、咸肉、烟熏肋肉和鱼类及雪里蕻、萝卜干等常采用干腌

2.1.2 湿腌法

湿腌法即用盐水对食品进行腌制的方法。盐溶液配制时一般是将腌制剂预先溶解,必要时煮沸杀菌,冷却后使用,然后将食品浸没在腌制液中,通过渗透作用,使食品组织内的盐浓度与腌制液浓度相同。腌制浓度一般为15%~20%,有时饱和盐水。腌肉用的盐液除了食盐外,还有亚硝酸盐、硝酸盐,有时也加糖和抗坏血酸,主要起调节风味和助发色作用。湿腌时食品中水分会渗透出来使盐液原有浓度迅速下降,这要求在腌制过程中增添食盐以维持一定浓度。

腌肉时肉质柔软,盐度适当;腌制时间和干腌法一样,比较长;所需劳动量比干腌法大;制品的色泽和风味不及干腌制品;蛋白质流失较大;因水分多不易保藏。主要腌制蛋类、肉类、蔬菜、水果,如扬州酱菜(黄瓜)、涪陵榨菜、盐

渍藕。

2.1.3　动脉或肌肉注射法

注射腌制法是进一步改善湿腌法的一种措施。为了加速腌制时扩散过程,缩短腌制时间,最先出现了动脉注射腌制法,其后又发展了肌肉注射腌制法,注射法目前只用于肉类腌制。

2.1.3.1　动脉注射

动脉注射是用泵通过针头将盐水或腌制液经动脉系统压送入腿内各部位或分割肉内的腌制方法。一般是用针头插入腿股动脉切口内,然后将盐水或腌制液用注射泵压入;但是一般分割胴体的方法并不考虑原来的动脉系统的完整性,因此此法只能用于腌制前后腿。

2.1.3.2　肌肉注射法

肌肉注射法即直接将注射针头插入肌肉往内注射盐水,适用于肉块的腌制;注射用的针头,有单针头和多针头之分,针头大多多孔,目前一般都是多针头。注射腌制法的特点:腌制剂(料)与干腌大致相同有食盐、糖和硝酸盐、亚硝酸盐、磷酸盐;注射盐水的浓度一般16.5%或17%,注射量占肉重的8%~12%;

2.1.4　混合腌制法

用注射腌制法腌肉总是和干腌或湿腌结合进行的,这也是混合腌制法。将盐液注射入鲜肉后,再按层擦盐,按层堆放在腌制架上,或装入容器内加食盐或腌制剂进行湿腌。盐水浓度应低于注射用盐水浓度,以使肉类吸收水分,可加或不加糖,硝酸盐或亚硝酸盐同样可以少用。混合腌制法特点:混合腌色泽好、营养成分流失少、咸度适中。干湿腌结合可以避免湿腌液因食品水分外渗而降低浓度,也不像干腌那样使食品表面发生脱水现象。

2.2　烟熏技术

2.2.1　冷熏

制品周围熏烟和空气混合物气体的温度不超过22 ℃的烟熏过程称为冷熏。其特点为:冷熏时间长,需要4~7天,熏烟成分在制品中渗透较均匀且较深,冷熏时制品干燥虽然比较均匀,但失重量大,有干缩现象,同时由于干缩提高了制品内盐含量和熏烟成分的聚集量,制品内脂肪熔化不显著或基本没有,冷熏制品耐藏性比其他烟熏法稳定,特别适用于烟熏生香肠。

2.2.2　热熏

制品周围熏烟和空气混合气体的温度超过22 ℃的烟熏过程称为热熏,常用的烟熏温度在 35~50 ℃,因温度较高,一般烟熏时间短,约 12~48 h。在肉类制品或肠制品中,有时烟熏和加热蒸煮同时进行,因此生产烟熏熟制品时,常用 60~110 ℃。热熏时因蛋白质凝固,以致制品表面上很快形成干膜,妨碍了制品内部的水分渗出,延缓了干燥过程,也阻碍了熏烟成分向制品内部渗透,因此,其内渗深度比冷熏浅,色泽较浅。

烟熏温度对于烟熏抑菌作用有较大影响,温度为 30 ℃浓度较淡的熏烟对细菌影响不大;温度为 43 ℃而浓度较高的熏烟能显著降低微生物数量,温度为 60 ℃时不论淡的还是浓的熏烟都能将微生物数量下降到原数的 0.01%。

2.3 烹饪技术

烹饪技术是肉类加工过程中至关重要的一环,直接关系着产品的口感和风味。烹饪技术包括煮、炖、烤、炸等多种方法,可根据肉类种类和产品需求选择合适的烹饪方式。在烹饪过程中,肉类中的蛋白质、脂肪等成分发生物理和化学变化,使肉质变得更加鲜嫩、可口。此外,烹饪过程中还可加入各种调料,丰富肉类产品的口味。

2.4 冷加工技术

冷加工技术是指在低温条件下进行的肉类加工方法,主要包括冷却和冷冻两种。冷却技术是在 0 ℃至 10 ℃的温度范围内对肉类进行加工,适用于短时间保存和运输;冷冻技术则是在 -18 ℃以下的温度对肉类进行加工,可以长时间保存肉类产品。冷加工技术能有效抑制细菌和微生物的生长,保障肉类产品的安全。同时,冷加工过程中要注意控制温度和湿度,以防止肉类品质的下降。

任务 3 肉类加工设备

3.1 常用肉类加工设备介绍

在肉类加工过程中,各种设备的使用至关重要。常用的肉类加工设备包括切割机、搅拌机、灌肠机、绞肉机、切片机等。这些设备在肉类加工过程中发挥着不同的作用。切割机主要用于将原料肉切割成所需规格;搅拌机用于将肉馅和其他辅料混合均匀;灌肠机则用于制作香肠等肉制品;绞肉机可将原料肉绞成肉馅;切片机则用于将肉制品切割成片状。

3.2 设备选型与使用维护

为了确保肉类加工产品的质量和效率,合理选型和使用维护设备至关重要。选型时,应考虑设备的生产能力、性能、操作便捷性以及维护成本等因素。此外,还需根据肉类加工产品的种类和产量来选择合适的设备。在使用维护方面,定期对设备进行清洁、润滑、检查和更换磨损零部件,以保证设备正常运行。

3.3 智能化与自动化在肉类加工设备中的应用

随着科技的发展,智能化与自动化技术逐渐应用于肉类加工设备。智能化设备可以实现生产过程的自动控制,提高生产效率,降低人工成本。例如,智能切割机可以根据设定的参数自动切割原料肉,确保切割质量和规格的一致性。自动化生产线则可以实现从原料处理到成品包装的全过程自动化,大大提高生产效率。

此外,智能化与自动化技术还可以实现对肉类加工设备的远程监控和故障诊断,便于及时维护和保养。这不仅提高了设备的运行效率,还降低了生产过程中的安全风险。在未来,智能化与自动化技术将在肉类加工设备领域发挥更加重要的作用,推动肉类加工业的持续发展。

任务4 各类肉制品加工

4.1 原料准备与初步处理

肉制品加工的首要环节是原料的准备与初步处理,这一步骤对于确保最终产品的质量和口感至关重要。原料肉的选择直接决定了肉制品的基础品质,因此采购人员需要具备鉴别肉质的专业知识,能够从肉的色泽、气味、质地等方面判断其新鲜度和适用性。在原料准备阶段,肉类通常需要进行解冻、清洗和修整。解冻过程应缓慢进行,以避免肉质因快速解冻而受损。清洗则是为了去除肉表面的污垢和微生物,这一步骤通常使用流动的清水,有时也会加入一些食品安全的清洗剂。修整则包括去除多余的脂肪、筋膜和骨头,使肉块更加整齐,便于后续的切割和加工。此外,原料的初步处理还包括对肉类的切割和分类。根据产品的不同需求,肉类可能会被切成片、丁、条等不同形状。分类则是根据肉的质量、部位和脂肪含量等因素进行,以确保同类肉质在后续加工中能够得到一致的处理。

4.2 加工技术与核心工艺

加工技术与核心工艺是肉制品加工中的关键环节,这一阶段涉及的技术和工艺种类繁多,包括但不限于腌制、熏烤、蒸煮、干燥和发酵等。每一种技术都有其独特的作用和效果,能够赋予肉制品不同的风味和特性。腌制是通过添加盐、糖、香料等调味品来改善肉的口感和保存性的过程。盐的作用不仅是调味,还能吸水、防腐和抑制微生物的生长。糖则能增加风味,同时在熏烤或烘烤过程中促进表面色泽的形成。熏烤是一种古老的肉制品加工技术,它通过使用木材或木炭的烟雾来熏制肉类,赋予产品独特的烟熏香味。熏烤过程中,温度和烟雾的控制是关键,过高或过低的温度都会影响产品的品质和口感。蒸煮则是通过高温蒸汽来烹饪肉类,使其变得更加嫩滑和易消化。这种方法适用于加工一些熟肉制品,如火腿、午餐肉等。干燥和发酵技术则常用于制作一些传统的肉制品,如腊肉、香肠等。干燥可以去除肉中的多余水分,延长保质期,而发酵则能产生独特的风味和香气。

4.3　质量监控与安全保障

在肉制品加工过程中,质量监控与安全保障是不可或缺的环节,这一阶段的主要任务是确保加工过程中的卫生条件、控制微生物污染、监测化学和物理性污染,并对加工环境和设备进行定期的清洁和消毒。质量监控包括对原料、半成品和成品的定期检测。这些检测可能涉及微生物学、化学和物理学等多个方面,以确保产品符合食品安全标准和法规要求。此外,对于加工过程中的关键控制点,如温度、湿度、时间等,也需要进行严格的监控和记录。安全保障则体现在对整个加工过程的全面管理。这包括员工的培训、设备的维护和校准、加工环境的监控以及应急响应计划的制定等。通过这些措施,可以最大限度地减少食品安全事故的发生,保障消费者的健康和安全。

4.4　产品包装、储存与分销

产品包装、储存与分销是肉制品加工的最后一个环节,也是确保产品品质在到达消费者手中之前得以保持的关键步骤。包装不仅是为了保护产品免受污染和损坏,还能提供必要的产品信息给消费者,如生产日期、保质期、成分等。选择合适的包装材料和设计是至关重要的,它们应具有良好的阻隔性能、耐油性、防潮性和环保性。此外,包装上的标签和说明也需要符合相关法规要求。储存环境对肉制品的品质有着直接影响。适宜的储存温度和湿度可以延长产品的保质期并保持其良好的口感和营养价值。因此,在储存过程中应严格控制环境条件,并定期进行检查和调整。对于需要冷链运输的产品,还应确保整个运输过程中的温度控制。分销则是将产品从加工厂送达到消费者的过程。这一阶段需要考虑产品的运输方式、路线规划以及与销售点的协调等因素。通过高效的分销系统,可以确保产品及时、安全地到达消费者手中,同时减少损耗和浪费。

模块七　冷链运输与配送管理

项目一　冷链运输方式的选择

任务1　公路冷链运输

1.1　公路冷链运输技术经济特点

1.1.1　适应性强、机动、灵活

公路冷链运输拥有极高的适应性,主要得益于公路运输网络的广泛覆盖和高度发达,相较于其他运输方式,公路网络的密度更大,覆盖面更广,使得公路冷链运输能够深入到各个角落,无论是城市还是乡村,都能实现有效的配送。此外,公路冷链运输对货运量的适应性也极强,可以根据实际需求调整车辆的载重,从小吨位到大吨位,都能灵活应对。这种高度的适应性使得公路冷链运输在各种运输需求中都能发挥出其独特的优势。公路运输工具具有高度的移动性和便捷性,可以随时根据需要进行调度和装运,使得公路冷链运输在应对突发情况或紧急需求时具有极高的响应速度和调整能力。同时,公路冷链运输的各环节之间衔接时间较短,这大大提高了运输效率,减少了货物在途中的时间,从而降低了货物损坏的风险。公路运输不受固定路线和时刻表的限制,可以根据客户的需求和货物的特性灵活规划运输路线和时间。这种灵活性使得公路冷链运输能够更好地满足客户的个性化需求,提供定制化的服务。同时,公路冷链运输还可以实现"门到门"的直达服务,省去了中转和换装等环节,进一步提高了运输效率和服务质量。

1.1.2　送达速度快,货损货差小

公路冷链运输之所以能够实现快速送达,主要得益于其运输路线的灵活规划与优化以及高效的运输管理系统。由于公路网络发达且覆盖面广,公路冷链运输可以迅速调整运输路径,选择最短的路线以确保货物能够及时送达目的地。此外,公路冷链运输不受固定时刻表限制,车辆可以随时调度、装运,有效缩短了各环节之间的衔接时间,进一步提升了送达速度。这种快速的送

达能力对于需要迅速补货或对市场变化做出快速反应的企业而言至关重要。冷链运输的核心在于维持货物在运输过程中的恒定温度环境,以确保产品质量和安全。公路冷链运输采用了专业的冷藏设备和先进的温度控制技术,能够有效防止货物在运输途中因温度变化而导致的质量下降或损坏。此外,由于公路冷链运输可以实现"门到门"直达服务,减少了中转和换装环节,从而降低了因搬运和换装过程中可能导致的货物损坏风险。

1.1.3　技术经济指标好、技术改造容易

公路冷链运输展现出良好的技术经济指标,主要体现在其运输效率和成本控制上。由于公路网络的广泛覆盖和高度灵活性,公路冷链运输能够迅速、准确地将货物送达目的地,从而确保高效的物流运转。同时,随着冷链物流技术的不断进步,公路冷链运输在成本控制方面也取得了显著成效。例如,通过采用先进的温度控制技术和设备,公路冷链运输能够减少能源消耗和货物损耗,进而降低运营成本。这些优势使得公路冷链运输在技术经济指标上表现出色。公路冷链运输的技术改造相对容易,主要得益于公路运输工具的模块化和标准化设计。模块化设计使得冷藏车等运输工具可以方便地进行升级和改造,以适应新的技术需求和标准。同时,标准化设计则确保了不同运输工具之间的兼容性和互换性,从而降低了技术改造的难度和成本。此外,随着物联网、大数据等先进技术在冷链物流领域的广泛应用,公路冷链运输的技术改造也变得更加智能化和高效化。这些技术的应用不仅提升了冷链物流的管理水平,还为公路冷链运输的技术改造提供了更多可能性和便利性。

1.2　公路冷链运输工具

1.2.1　机械冷藏车

机械冷藏车主要采用强制通风装置,见图7-1。空气冷却器(蒸发器)一般安装在车的前段,冷风沿着车的顶部向后流动,从车的四壁下到车底部,再从底部间隙返回车的前端。这种通风方式使货物四周被冷空气包围着。外界传入车内的热量直接被冷风吸收。另外,机械冷藏车壁面上的热流量与外界温度、车速、风力及太阳辐射有关。行驶时,空气流动的影响是主要的;此外,在同一外部条件下,不同吨位的冷藏车耗冷量也不同。

机械冷藏车除了常用的单一冷藏温度的车型,也可以运送两种以上不同类型货品的多温区冷藏车。如图7-2所示:不同的温度区间使用分隔门隔开,车身可以设置多个侧门。气密封性很高,各个分隔部分可以同时采用不同的蒸发温度。它通常有3个货舱:-18 ℃或更低用于冷冻食品;约2 ℃,用于冷

图7-1　机械冷藏车

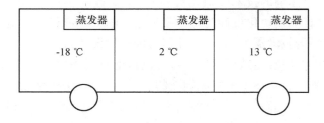

图7-2　多温区冷藏车

藏食品;约13 ℃,用于对冷冻敏感的产品。为多个门店配送的冷冻冷藏食品批量小、品种多,应采用多温区冷藏车,以满足食品的多种温度需求,还可以提高冷藏车配送的效率,一次出车可以完成多个任务。多温区冷藏车特别符合快餐店和独立的食品杂货商的运输要求。

1.2.2　液氮制冷冷藏汽车

液氮制冷冷藏汽车主要包括5个重要组成部分,即液氮罐、液氮喷嘴、门开关、安全开关及安全通气窗,详见图7-3。液氮低沸点(-196 ℃)特性使冷藏运输过程降温迅速,箱内可保持较低的温度,可调节到机械制冷根本不能达到的低温环境,温度调节性能好,箱内温度分布均匀,利用液氮的冷量和惰性,兼有制冷和气调的双功能,可达到冷藏保鲜。挥发的气氮能抑制易腐货物新陈代谢,减少果蔬的干耗,保持货物的较好的新鲜度;液氮装置简单,初投资少,与机械式制冷比较,重量大大减小。但液氮成本较高,运输中液氮供给困难,长途运输时必须装备大的液氮容器,减少了运输车辆的有效容积。

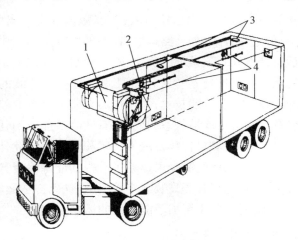

图 7-3 液氮制冷冷藏汽车

1.2.3 干冰制冷冷藏车

冰制冷冷藏车的车厢中装有隔热的干冰容器,可容纳 100 kg 或 200 kg 干冰。制冷原理是干冰容器的下部有空气冷却器,用通风使冷却后的空气在车厢内循环。吸热升华的气态二氧化碳由排气管排出车外,车厢中不会积蓄二氧化碳气体。干冰制冷冷藏汽车具有设备简单、投资费用低、故障率低、维修费用少、无噪声等优势,但车厢内温度不够均匀;降温速度慢;干冰的成本高。

任务 2 铁路冷链运输

2.1 铁路冷链运输技术经济特点

2.1.1 运输能力大

铁路冷链运输采用专业化的冷藏集装箱和车体设计,这些设备不仅具有良好的保温性能,还能确保在长途运输过程中货物的品质稳定。这种专业化的运输方式,使得铁路冷链能够在单次运输中承载大量的冷链货物。铁路运输网络覆盖面广,线路规划合理,能够连接各大城市和主要产区,为大宗冷链货物的长距离运输提供了有力支持。这种广泛的网络覆盖,结合铁路的高效调度系统,确保了冷链货物能够快速、准确地到达目的地,从而大大提高了运输效率。由于强大的运输能力,即使在需求激增的情况下,其也能保持较高的运输效率和稳定性,有效缓解了其他运输方式的压力。

2.1.2 能耗小

铁路运输作为一种大规模的运输方式,其能源消耗主要集中在推动列车前进上,相较于其他运输方式,如公路运输,铁路的能耗更为集中且有效,得益于铁路列车的运行特点和轨道系统的优化设计,使得能源能够被高效利用,减少了不必要的能耗。铁路冷链运输在冷藏技术上进行了持续的改进和创新,通过采用先进的冷藏设备和节能技术,如使用高效制冷系统和热回收技术,铁路冷链运输能够在保持货物冷链状态的同时,有效降低能源消耗,不仅提高了冷链运输的能效,也为环保和可持续发展做出了积极贡献。此外,铁路冷链运输还通过优化运输组织和调度,减少了运输过程中的能源浪费,通过合理安排列车运行时间、优化线路选择和提高装载率等措施,铁路冷链运输能够进一步降低单位货物的能源消耗,实现更加节能高效的运输。

2.1.3 运价上缺乏灵活性

铁路运输的运价通常受到较为严格的政府管控和规定,无法像其他运输方式那样根据市场供求关系快速调整价格,这种价格机制的刚性,使得铁路冷链运输在面对市场需求波动时,难以通过价格手段来有效调节运输量,从而影响了其市场适应性。铁路运输具有规模效应,其运价往往与运输量和运输距离密切相关。然而,在冷链物流领域,货物的种类、数量以及运输需求的多样性使得运价难以灵活调整。特别是在运输需求较小或货物种类繁多的情况下,铁路冷链运输的运价可能无法与其他运输方式相竞争。此外,铁路冷链运输的运价还受到运输成本、设备投入以及运营维护费用等因素的影响。由于铁路运输需要大规模的固定资产投资和维护,这些成本在一定程度上限制了运价的灵活性。同时,冷链物流对运输设备和技术的高要求也增加了运营成本,进一步影响了运价的调整空间。

2.2 铁路冷藏车的分类

2.2.1 加冰冷藏车

加冰冷藏车是一种采用传统冷却技术的铁路运输工具,专门用于需要温度控制的货物的长距离运输,其核心技术特点在于利用冰块来维持车厢内的低温环境,这一方法虽然相对原始,但在某些特定条件下仍具有不可替代的优势。加冰冷藏车的工作原理相对简单却高效,在车厢内部设置有专门的储冰装置,通过加入大量的冰块来吸收车厢内的热量,从而达到降温的目的。为了进一步增强冷却效果,通常还会在冰块中加入一定量的食盐,利用盐冰混合物的更低熔点来维持车厢内的低温状态。这种冷却方式虽然不如机械制冷先进,但其运行成本较低,且在没有稳定电力供应的地区或线路上具有显著的优势。从结构设计上来看,加冰冷藏车通常具有坚固的车身和良好的保温材料,以确保在运输过程中车厢内的温度稳定。车厢的保温层一般采用高效隔热材料,以减少外界温度对车厢内温度的影响。此外,车厢内部还设有通风和温度监测系统,以确保货物在运输过程中的安全和质量。然而,加冰冷藏车也存在一些局限性,由于依赖冰块进行冷却,因此要定期添加冰块,在一定程度上增加了运营成本和操作的复杂性,而冰块的冷却能力受到环境温度和运输时间的影响,可能无法满足极端低温或长时间运输的需求。

2.2.2 机械冷藏车

机械冷藏车是一种运用机械制冷技术的先进铁路运输工具,专为需精确控制温度的货物进行长距离运输而设计,利用机械制冷系统,通过制冷剂循环来吸收车厢内的热量并将其排到车外,从而主动维持车厢内的低温环境。机械冷藏车的核心是其高效的制冷系统,该系统通常由压缩机、冷凝器、膨胀阀和蒸发器等关键部件组成。压缩机负责驱动制冷剂循环,将低压气态制冷剂压缩成高压蒸汽,随后流向冷凝器。在冷凝器中,制冷剂释放热量并变成液态,然后通过膨胀阀降低压力,流向蒸发器。在蒸发器中,制冷剂吸收车厢内的热量并再次变成气态,从而完成一个制冷循环。这一循环不断重复,以保持车厢内恒定的低温。除了高效的制冷系统,机械冷藏车还具备出色的保温性能,车厢的壁板通常采用高性能保温材料构建,以减少外界温度对车厢内部温度的影响。这种设计确保了货物在运输过程中的温度稳定性,从而维护了货物的品质。机械冷藏车的优点在于其能够精确控制车厢内的温度,并且能够在长时间运输过程中保持稳定的低温环境。这种灵活性使得机械冷藏车能够适应不同类型的冷链货物运输需求,包括需要极低温度保存的食品、药品等。然而,机械冷藏车相较于传统的加冰冷藏车,其制造成本和运营成本通常较高。同时,机械制冷系统的复杂性也要求更高的维护和操作技术。

2.2.3 冷冻板式冷藏车

冷冻板式冷藏车是一种特殊的冷藏运输工具,采用冷冻板技术来维持车厢内的低温环境,核心技术在于其使用的冷冻板,这些冷冻板具有一定的蓄冷能力,通过某种方式先进行冷冻,然后在运输过程中释放冷量来保持车厢内的低温。冷冻板的设计使得冷藏车能够在没有持续制冷系统的情况下,维持较长时间的低温环境,从而满足中、短途运输的需求。冷冻板式冷藏车通常在车厢内部装备有冷冻板,这些冷冻板被战略性地放置在车厢的壁板或顶部,以确保均匀且持久的冷却效果。车厢本身也具有良好的保温性能,采用高性能保温材料来减少外界温度对车厢内部温度的影响。冷冻板式冷藏车能够提供相对稳定的低温环境,确保货物在运输过程中的品质和新鲜度。冷冻板的蓄冷能力使得车厢内的温度波动较小,从而满足对温度敏感的货物的运输需求。与传统的机械冷藏车相比,冷冻板式冷藏车在运行过程中无须消耗燃油或电能来维持制冷系统的运行,因此具有更低的能耗和更少的碳排放。由于冷冻板式冷藏车没有复杂的机械制冷系统,其维护和保养相对简便。冷冻板的更换和维修也相对容易,降低了运营成本和维护难度。

2.2.4 无冷源保温车

无冷源保温车是一种被动保温的运输工具,不依赖外部冷源,而是依靠车体自身的保温材料和结构设计来维持车厢内的温度。无冷源保温车的主要特点是其车厢采用了高性能的保温材料,这些材料具有极低的热传导系数,能够有效地阻隔外界温度对车厢内部的影响。车厢的结构设计也充分考虑了保温效果,通常采用多层结构和空气夹层等技术,以减少热量的传递和散失。由于采用了高性能的保温材料和精心的结构设计,无冷源保温车能够在一定时间内维持车厢内的温度稳定,从而满足货物的运输需求。无冷源保温车不依赖外部冷源,在运输过程中无须消耗额外的能源来维持车厢内的温度,具有较低的能耗和碳排放。无冷源保温车适用于短途运输或货物自身具有一定冷储能力的情况,特别适用于那些对温度波动有一定容忍度的货物,或者在短时间内即可完成运输的场景。然而,由于其不依赖外部冷源,保温时间相对有限,可能无法满足长时间运输或对温度控制要求极高的货物运输需求。

任务 3 航空冷链运输

3.1 航空冷链运输概念及技术经济特点

3.1.1 航空冷链运输概念

航空冷链运输是指通过航空器进行冷链货物的快速、安全、高效运输,集成了航空运输的速度优势与冷链技术,确保温度敏感型货物在整个运输过程中维持恒定的温度环境,从而满足产品品质与安全性的严格要求。航空运输本身的速度优势使得冷链货物能够更快地到达目的地,减少在途时间,降低货物变质的风险。同时,高效的物流管理和优化策略也是确保冷链运输成功的关键,包括快速装卸、中转环节的减少以及与地面冷链物流的顺畅衔接等。冷链货物往往涉及食品安全、药品监管等领域,因此必须严格遵守国内外相关法规和标准,要求航空冷链运输服务提供者具备深厚的专业知识和丰富的操作经验,以确保每一环节都符合法规要求,保障货物的安全性和合规性。

3.1.2　航空冷链运输技术经济特点

3.1.2.1　高速性

航空冷链运输的高速性主要体现在运输工具的快速性以及整体物流流程的高效性上,从技术经济的角度分析,航空冷链运输的高速性不仅关乎时间效率,更对冷链物流的整体成本和品质控制产生深远影响。航空冷链运输借助飞机这一高速运输工具,其飞行速度远超其他运输方式,飞机的巡航速度通常可达数百千米每小时,意味着冷链货物能够在极短的时间内从起始地运达目的地。这种高速运输能力大幅缩短了物流时间,提高了货物的周转率,对于需要快速响应市场的冷链产品而言至关重要。为了确保冷链货物的高效转运,航空公司和相关物流服务商通常会采用先进的信息化管理系统,实现货物的快速装卸、精准配送以及实时温度监控。这种流程的高效性不仅减少了货物在途中的停留时间,降低了变质风险,还提升了整体物流服务的可靠性和客户满意度。航空冷链运输的高速性为企业带来了显著的时间成本节约,在快节奏的商业环境中,时间成本往往是企业考虑的重要因素之一。通过航空冷链运输,企业能够迅速将产品投放市场,抓住商机,提高资金回笼速度,从而增强市场竞争力。

3.1.2.2　准时性

由于航空运输具有高度的计划性和组织性,航班时刻一旦确定,就必须严格遵守,这种准时起降的要求,确保了冷链货物能够按照预定的时间节点进行转运,从而大大减少了因延误而产生的风险和成本。在航空冷链运输中,货物的装卸、中转、配送等环节都需要严格按照时间计划进行。通过先进的物流管理系统和信息技术手段,可以实现对这些环节的实时监控和调度,确保货物能够在规定的时间内准确到达目的地。航空冷链运输的准时性能够确保货物及时到达,避免因延误而产生的额外费用和损失。同时,准时性也有助于提高客户满意度,进而增强企业的市场竞争力。此外,在冷链物流中,货物的品质和安全至关重要,通过确保运输过程的准时性,可以有效减少货物在途中的暴露时间和风险,从而保障货物的品质和安全。

3.1.2.3　运量小

从航空运输的自身属性来看,由于飞机舱容有限,每次航班所能承载的货物量相对较小。与海运或陆运相比,航空运输在运量上具有明显的局限性。这种局限性在冷链运输中尤为突出,因为冷链货物通常需要占用更多的空间和重量,以确保温度控制和货物安全。冷链物流的特殊需求也限制了航空冷链运输的运量,冷链物流要求在整个运输过程中保持恒定的低温环境,以确保货物的品质和安全。这通常需要使用专门的冷链集装箱或包装,这些设备不仅占用更多的空间,重量也相对较大。因此,在满足冷链物流需求的前提下,航空冷链运输的运量自然会受到一定限制。

3.1.2.4 运价高

航空运输具有高昂的运营成本,包括飞机维护、燃油消耗、机组人员薪酬等。在冷链运输中,这些成本进一步增加,因为要额外的设备和技术来确保货物在运输过程中的温度控制。例如,冷链集装箱、温度监控系统和专门的装卸设备等都需要投入大量的资金。冷链物流对温度、湿度等环境因素的严格控制也增加了运输的复杂性和成本。为了确保货物在整个运输过程中的品质和安全,需要不断监测和调整温度,这不仅要求高度专业化的设备和操作,还意味着更高的能源消耗和维护成本。航空冷链运输通常涉及高价值货物的运输,这些货物往往对时间、温度和安全性有极高的要求。为了满足这些要求,航空公司和服务提供商要提供更高级别的服务,包括更快的运输速度、更准确的温度控制和更安全的运输环境。这些增值服务自然也会反映在运价上。

3.2 航空冷链运输的适用范围

航空冷链运输是所有运输方式中速度最快的一种,适用于易腐货物的长途运输,包括国际、国内运输。用来运输新鲜娇嫩、易受机械损伤而变质、附加值较高、需长距离运输或出口的易腐货物。

3.2.1 跨地区、跨国的名贵花卉、珍稀苗木的冷链运输

航空冷链运输以其高效的速度和精准的时间控制,满足了名贵花卉和珍稀苗木对时间的严格要求。这些植物往往需要在特定的时间内到达目的地,以保持其新鲜度和观赏性。航空运输的快速性确保了货物能够在短时间内从起始地运达目的地,从而最大限度地减少了运输时间对植物品质的影响。航空冷链运输提供精确的温度控制,是保证名贵花卉和珍稀苗木品质的关键因素,这些植物对温度条件极为敏感,过高或过低的温度都可能导致其品质受损甚至死亡。航空冷链运输通过先进的温控技术和设备,为这些植物提供了稳定的低温环境,确保了其在运输过程中的生存率和品质。对于跨国运输,航空冷链运输还具有便捷性和全球可达性的优势,能够快速连接不同国家和地区,满足全球市场对名贵花卉和珍稀苗木的需求。

3.2.2 部分生鲜山珍海味

生鲜山珍海味等高端食材,如新鲜的海产、野味或珍稀菌类,通常要在极短的时间内从产地运送到消费地,以保持其新鲜度和口感。航空冷链运输以

其高效、迅速的特点,能够满足这一时效性需求,确保食材在最短的时间内送达,从而保持其高品质和营养价值,这些生鲜产品对温度控制有着极高的要求,只有在恒定的低温环境下,才能有效延长其保鲜期和品质。航空冷链运输通过先进的温控技术,能够精确控制运输过程中的温度,为生鲜山珍海味提供最佳的保存环境,防止因温度变化而导致的品质下降。此外,航空冷链运输还具有高度的安全性和可靠性。在运输过程中,航空公司会采取严格的安全措施,确保货物的安全送达。同时,冷链技术的运用能够有效减少货物在运输途中的损耗和浪费,提高整体运输效率。

任务4 水路冷链运输

4.1 水路冷链运输技术经济特点

4.1.1 运输能力大、运输距离大

水路冷链运输以船为载具,能够承载大量的货物,特别适合大宗货物的运输。通过江、河、海、湖等自然水道进行,不仅具有天然的通道优势,还可以通过冷藏船等专门设备对货物进行冷却与冻结,保证货物在运输过程中的品质和新鲜度。冷藏船上配备的制冷装置、通风换气设备、消防设备以及事故报警器等,都使得水路冷链运输在运输能力上具有显著优势。水路运输不受道路和交通状况的限制,可以覆盖更广泛的地理区域,实现远距离的货物运输。这对于需要长距离运输的冷链物流来说尤为重要。因为冷链物流中的货物往往需要在一定的温度和湿度条件下进行运输,而水路冷链运输正好能够满足这一需求。通过冷藏船等专门设备,水路冷链运输可以在长距离运输过程中保持货物的稳定温度和湿度,确保货物的品质和新鲜度不会因运输距离的增加而降低。

4.1.2 投资省,冷链运输成本低

水路冷链运输相较于其他运输方式,其投资成本相对较低,是因为水路运输利用的是自然形成的水道,如江、河、海、湖等,无须像陆路运输那样大量投资于道路建设和维护。同时,冷藏船等运输工具虽然需要一定的投资,但其运营成本相对较低,且可以承载大量货物,使得单位货物的投资成本进一步降低。此外,水路冷链运输还可以实现多种货物共享一艘船的运输目的,进一步降低了单个货物的投资成本。相较于陆路运输和航空运输,水路运输的能耗更低,且能够承载更大的货物量,使得其运输成本更具竞争力。同时,冷藏船等专门设备可以在船舶内部维持适宜的温度和湿度,确保货物在运输过程中

的品质和新鲜度,降低了因货物损坏或变质而产生的额外成本。此外,水路冷链运输还可以利用天然环境中的水路进行,避免了因交通拥堵等人为因素而产生的额外费用。

4.2 水路冷链运输设备

4.2.1 冷藏船

冷藏船是专门用于运输易腐食品的船舶,如鱼、肉、水果、蔬菜等,这些食品需要在冻结状态或某种低温条件下进行载运以保持其品质和新鲜度。冷藏船的货舱被隔成若干个独立的、封闭的装货空间,每个舱室都构成一个独立的绝缘载货空间,以满足不同货种对温度的不同要求。舱壁和舱门都设计为气密,并覆盖有泡沫塑料、铝板聚合物等隔热材料,以防止相邻舱室之间的热传导,确保各舱室温度的独立性和稳定性。冷藏船的制冷系统是其核心部分,包括电动机、压缩机、冷凝器及管系等,用于维持货舱内的适宜温度。货舱的温度范围通常在-25 ℃至15 ℃,可以根据不同货种的需求进行选择。为了确保制冷系统的有效运行和能源的合理利用,冷藏船的制冷系统要进行优化配置,以适应船舶在水上移动时室外参数的不断变化。此外,冷藏船的结构设计也考虑到了货物的安全和保鲜,上下层甲板之间或甲板和舱底之间的高度设计得相对较小,以防止货物堆积过高而压损下层货物。同时,冷藏船的航速通常较高,以缩短运输时间,减少货物在途中的损耗。

4.2.2 冷藏集装箱

冷藏集装箱是一种专门用于运输温度敏感货物的集装箱,其内部设有制冷装置,可以维持货物在运输过程中的适宜温度,这种集装箱通常使用高强度钢材制造,结构牢固,耐用耐磨,且具有良好的水密性,能够有效保护货物免受外界环境的影响。冷藏集装箱的隔热要求和温度条件的国际标准如表7-1。

表7-1　冷藏集装箱隔热要求和温度条件的国际标准

设备	箱体传热系数/[W/(m² * k)]	箱内温度/℃	外界温度/℃
液态制冷剂喷射装置	0.4	-18	38
机械制冷装置	0.4	-18	38
冷冻/加热	0.4	-18/16	38/-20

冷藏集装箱的制冷系统是其核心部分,能够在不同的运输方式和环境条件下,为货物提供稳定的温度环境。制冷系统通常由制冷机、冷凝器、蒸发器

等组成,通过循环制冷剂来吸收和排放热量,从而维持集装箱内的温度。此外,冷藏集装箱还配备了温度记录仪,可以实时记录和显示货物在运输过程中的温度情况,便于监控和管理。除了制冷系统外,冷藏集装箱还具备通风和湿度控制功能,通风功能可以根据货物的呼吸率和氧气需求,提供不同的通风量和频率,以调节气体交换。湿度控制功能则可以根据货物的水分含量和敏感度,提供适宜的相对湿度,防止货物结露或干燥。冷藏集装箱的应用范围广泛,不仅可以用于运输水果、蔬菜、肉类等新鲜或冷冻的农产品,还可以用于运输药品、疫苗等需要特定温度和湿度条件的医药品。此外,还可以用于运输鲜花、盆栽等需要保持新鲜和活力的花卉,以及需要避免高温或结晶的饮料等。

项目二　冷链运输的温度控制与监测技术

任务1　冷链运输的温度控制

1.1　冷链运输的温度条件

1.1.1　冷冻类货物的温度条件

对于冷冻类货物,如速冻食品、肉类、冰淇淋等,其温度条件通常要求维持在-18 ℃至-22 ℃。这一温度范围的设定,是基于货物在低温下能够长期保存且品质稳定的科学依据。在冷冻类货物的运输过程中,低温环境能够有效抑制微生物的生长和酶的活性,从而延缓货物的腐败变质过程。同时,稳定的低温还能保持货物中的水分状态,防止冰晶的形成和货物的脱水现象,进一步保护货物的口感和营养价值。此外,在冷冻类货物的运输过程中,通过温度传感器和记录设备,可以实时监测货物在运输途中的温度情况,并将其记录下来。这些数据对于评估运输过程的质量、发现潜在问题以及改进温度控制策略具有重要意义。一旦发现温度异常或波动,应及时采取措施进行调整和修复,以确保货物始终保持在规定的温度范围内。

1.1.2　冷藏类货物的温度条件

对于冷藏类货物,如水果、蔬菜、饮料、鲜奶制品等,其温度条件通常要求维持在0 ℃至7 ℃。在这个温度范围内,货物的呼吸作用和新陈代谢活动可以得到有效抑制,从而减缓货物的成熟和衰老过程。同时,稳定的低温环境还能减少货物中水分的蒸发和微生物的滋生,进一步保持货物的新鲜度和口感。此外,对于某些特定的冷藏类货物,如部分保鲜类物品(蔬菜鲜花等),其温度要求可能更加严格,要在 2 ℃至 8 ℃,以确保其最佳的保鲜效果。

1.1.3 恒温类货物的温度条件

恒温类货物,如巧克力、药品、化工产品等,需要在特定的温度范围内进行运输,以防止品质变化,温度范围通常设定在 18 ℃至 22 ℃。在这个温度范围内,货物的物理和化学性质能够保持稳定,避免过高或过低的温度对货物造成损害。例如,巧克力在高温下容易融化变形,失去原有的口感和外观;而药品和化工产品在温度波动过大的情况下可能会发生化学反应,导致品质下降或失效。

1.2 冷链运输的湿度条件

1.2.1 蒸腾作用

蒸腾作用,即生命组织水分的流失,是一个必须严格控制的过程,因为蒸腾速度若过快,会导致产品萎蔫和重量减轻,进而影响其市场价值和消费者接受度。为了减缓蒸腾作用并维持货物的最佳状态,冷链运输中的湿度条件需要被精确设定和管理,当冷藏环境同时被设定在推荐的温度和湿度范围内时,蒸腾速度可以得到有效控制,是因为适宜的温度和湿度条件能够减少货物表面与冷藏环境之间的湿度梯度,从而降低水分蒸发的驱动力。具体来说,较高的湿度可以减少货物表面空气的干燥程度,使得货物中的水分更难以蒸发到环境中。同时,适宜的温度条件也能够减缓货物内部的生理活动,包括蒸腾作用,从而进一步减少水分的流失。通过先进的湿度监测和控制技术,确保货物在运输过程中始终保持在最佳的湿度环境中。同时,操作人员也要接受专业培训,以准确理解和执行湿度控制策略,从而确保货物的安全和质量。

1.2.2 相对湿度

相对湿度作为最常见的表示空气湿度的参数,其变化对货物的水分状态和微生物活动有着显著影响。随着温度的升高,空气的含水能力也相应提升,意味着在相同的相对湿度条件下,高温环境会导致更高的失水率,因为空气中的水分更容易被蒸发。因此,在冷链运输中,控制相对湿度变得尤为重要,尤其是在高温条件下,以防止货物水分的过快流失。对于不同的产品,相对湿度的推荐值各不相同,是因为每种产品都有其特定的水分需求和微生物敏感性。通过设定适宜的相对湿度,可以有效减缓货物水分的流失,并保持其原有的口感和营养价值。同时,适宜的相对湿度还能抑制微生物的过快增长,从而延长货物的保质期。在实际操作中,冷链运输企业要根据货物的特性和运输需求,精确设定和控制相对湿度,通常涉及使用先进的湿度监测和控制技术,以及制定严格的湿度管理策略。

任务 2 冷链运输监测

2.1 货物监视设备

2.1.1 手持温度检测器/传感器

手持温度检测器/传感器是一种便携式设备,设计用于快速、准确地测量冷链运输中货物的温度,通常配备有数字显示屏,可以直观地显示当前温度读数,并且具有用户友好的界面,使得操作人员可以轻松地使用和读取数据。手持温度检测器/传感器通常利用热敏电阻、热电偶或半导体传感器等温度传感技术来测量温度,能够感知货物周围的温度,并将其转换为电信号。电信号随后被处理并显示在设备的数字屏幕上,供操作人员读取。

手持温度检测器/传感器能够实时监测货物的温度,确保货物在运输过程中保持在适宜的温度范围内,具备高精度测量能力,可以准确捕捉货物温度的微小变化。设计简洁、操作便捷,即使没有专业背景的操作人员也能轻松使用。部分手持温度检测器/传感器还具备数据记录功能,可以将温度数据保存下来,并通过无线方式传输到计算机或移动设备上,供进一步分析和处理。

手持温度检测器/传感器广泛应用于冷链物流的各个环节,包括仓储、运输、配送等。在仓储环节,可用于监测仓库内货物的温度,确保存储条件适宜。在运输环节,可随车携带,实时监测货物在途中的温度变化。在配送环节,可用于检查货物送达时的温度状态,确保货物品质。对于易腐食品、药品等温度敏感货物而言,手持温度检测器/传感器的应用至关重要,能够帮助操作人员及时发现温度异常,采取相应措施防止货物品质受损。

2.1.2 圆图记录仪

圆图记录仪,又称圆形图表记录仪或圆图温度记录仪,是一种专门设计用于监测和记录冷链运输过程中货物温度变化的设备,其核心部件是一个圆形的图表,用于记录温度随时间的变化情况,为冷链物流提供了直观、可靠的温度监测手段。圆图记录仪通常配备有温度传感器,该传感器能够实时感知货物的温度,并将其转换为可记录的信号,随后,这些信号被记录在圆形的图表上,形成一条随时间变化的温度曲线,操作人员可以通过观察这条曲线,了解货物在运输过程中的温度变化情况。圆图记录仪能够实时监测和记录货物的温度,为冷链物流提供准确的温度数据,圆形的图表设计使得温度数据一目了然,便于操作人员快速了解货物的温度状态,圆图记录仪的记录图表可以长期保存,为后续的温度数据分析和品质追溯提供有力依据。部分圆图记录仪还具备记录其他参数的功能,如湿度等,进一步丰富了冷链物流的监测手段。

圆图记录仪广泛应用于需要严格温度控制的冷链物流领域,如食品、药品、化工产品等,在长途冷链运输中,作为随车监视设备,能够实时监测和记录货物在途中的温度变化。在仓储和配送环节,也可以用于监测和记录货物的温度,确保存储和配送条件适宜。通过实时监测和记录货物的温度,能够帮助操作人员及时发现温度异常,采取相应措施防止货物品质受损。同时,圆图记录仪提供的温度数据还可以为冷链物流企业提供数据支持,帮助企业优化温度控制策略,提高运输效率和服务质量。在出现品质争议或需要追溯货物历史温度情况时,圆图记录仪的记录图表可以作为有力的证据支持。

2.2 冷链温度监控

2.2.1 温度监视系统

冷链温度监控系统采用分布式架构,通常由中心服务器和多个节点组成。中心服务器负责数据存储和管理,具备足够的存储空间和计算能力。节点则负责采集温度数据,并通过无线网络(如 LORA)将数据传输到中心服务器或其他指定的监控平台。这种架构使得系统能够实现对冷链物流全过程的全面覆盖和实时监控。系统的温度传感器是监测温度的关键组件,被布置在冷链物流的各个关键环节,如仓库、运输车、冷藏车等。这些传感器能够实时感知周围环境的温度,并将其转换为数字信号进行传输和记录。为了确保测量的准确性,传感器通常采用高精度测量单元,如瑞士原装温湿度测量单元,具有测量精度高、抗干扰能力强等特点。

冷链温度监控系统具备实时监测和报警功能,能够设置温湿度的上下限。当温度或湿度超过设定的范围时,系统会触发报警功能,通过声光、短信、电子邮件等方式及时通知相关人员,以便迅速采取措施解决问题,防止货物受损或变质。系统能够自动记录和存储温湿度数据,并生成相应的图表和报表,方便用户对冷链物流过程进行全面的数据分析和挖掘。通过对历史数据的分析,用户可以找出物流过程中的瓶颈和问题,优化运输和仓储环节,提高冷链物流的运营效率。此外,系统还支持远程监控功能,用户可以通过手机或电脑随时随地查看冷链物流的温湿度情况,并进行远程控制操作,方便快捷。

2.2.2 产品温度记录的射频识别标志(RFID)

RFID 技术作为一种非接触式的自动识别技术,通过射频信号自动识别目标对象并获取相关数据,其识别过程无须人工干预,能够在各种恶劣环境下稳定工作。当 RFID 标签与阅读器之间的距离适中时,阅读器能够准确地读取标签中的信息,实现对物体的快速识别和数据采集。在冷链温度监控中,产品温度记录的 RFID 标签内部集成了温度传感器,能够实时测量并记录产品所处环境的温度。这些温度数据被存储在 RFID 标签的芯片中,并可通过无线方式传输给阅读器,进而上传到后台管理系统进行数据处理和分析。通过这种方式,冷链物流中的各个环节都能够实时掌握产品的温度状态,确保产品始终处于规定的温度范围内。

项目三 冷链配送策略与优化

任务 1 冷链配送模式

1.1 共同配送

1.1.1 共同配送的定义

共同配送是指两个或两个以上的有配送业务的企业相互合作,对多个用户共同开展配送业务活动的一种物流模式,在冷链物流配送中,由于产品特性要求严格的温度控制,使得冷链物流比常温物流更为复杂且成本更高。因此,共同配送模式在冷链物流中的应用显得尤为重要。该模式的核心在于资源共享与优化配置,多家企业共同参与配送,可以整合各自的冷链物流设施设备和资源,实现物流货源的优化配置。这种整合不仅减少了企业的重复投资,还提高了冷藏冷冻专业车辆的利用率,从而降低了运输成本并提升了装载效率。同时,由于资源实现共享,减轻了企业对大量冷藏冷冻设施设备的投资负担和风险。

1.1.2 共同配送的积极效益

共同配送模式还有助于提升物流服务水平,多家企业合作,可以共建信息系统与网络,实现信息的共享与快速反馈。这种信息化水平的提升,使得冷链物流的配送过程更加透明化,客户可以实时追踪货物的状态,从而提高了客户的满意度。此外,共同配送模式还具有显著的环境效益,通过统一管理和调配,可以减少运输车次,缓解城市交通压力,并降低汽车尾气对环境的污染。这种绿色、环保的配送方式符合可持续发展的要求,有助于提升企业的社会责任感。

1.2 不同流通领域冷链物流配送模式探析

1.2.1 连锁超市冷链物流配送模式

连锁超市作为现代零售业的重要组成部分,其经营特点要求物流配送体系具备高效、准确、及时的特点。特别是在生鲜、冷冻等温控商品的配送上,更是要求物流配送体系能够确保商品在运输、储存等过程中的温度控制,以保证商品的质量和安全。为了满足这一需求,连锁超市冷链物流配送模式通常采用集中化的配送中心来管理整个配送过程,配送中心不仅具备储存、分拣、包装等功能,还配备有先进的温控设备和信息系统,以确保商品在配送过程中的温度控制。同时,配送中心还会根据超市的需求和订单信息,进行商品的采购、加工和配送计划制订,以实现整个配送过程的高效和准确。在配送方式上,连锁超市冷链物流配送模式通常采用多种配送方式相结合的策略,对于要温控的商品,如生鲜、冷冻食品等,会采用专业的冷藏车进行配送,以确保商品在运输过程中的温度稳定。而对于一些常温商品,则可以采用普通的货车进行配送。此外,为了提高配送效率和服务质量,该模式还会采用共同配送、交叉配送等先进的配送方式。通过引入先进的信息系统,如 ERP、WMS 等,实现配送过程的信息化管理和实时监控,不仅可以提高配送的准确性和效率,还可以为超市提供实时的库存、销售等信息,帮助其更好地进行经营决策。

1.2.2 现代餐饮业冷链物流配送模式

现代餐饮业冷链物流配送模式是针对餐饮行业特性和需求所构建的一种专业化、高效化的冷链物流服务体系,该模式旨在确保食材从采购到餐桌的每一个环节都处于适宜的温度环境下,以保障食品的新鲜度、安全性和品质,同时提升餐饮企业的运营效率和客户满意度。现代餐饮业对食材的新鲜度和安全性有着极高的要求,要求冷链物流配送模式必须具备严格的温度控制和高效的配送能力。为了实现这一目标,该模式通常依托于先进的冷链物流技术和设备,如冷藏车、冷库、温控系统等,确保食材在运输和储存过程中保持在规定的温度范围内。通过引入物联网、大数据、人工智能等前沿技术,实现对冷链物流全程的实时监控、智能调度和精准配送。这不仅提高了配送效率,还使得餐饮企业能够更准确地预测市场需求,优化库存管理和物流配送路径,进而降低运营成本。现代餐饮业冷链物流配送模式强调供应链上下游的紧密合作与协同,餐饮企业与供应商、生产商等合作伙伴共同构建稳定的产业链合作关系,实现资源共享和互利共赢。这种合作模式有助于减少食材在供应链中的损耗和浪费,提高整体运营效率。

1.2.3 现代农产品物流配送模式

现代农产品物流配送模式是针对农产品特性和市场需求,结合冷链物流技术而构建的一种高效、专业的物流配送体系,该模式旨在确保农产品从产地到消费者手中的每一个环节都处于适宜的温度环境下,以保障农产品的品质、新鲜度和安全性,同时提高农产品流通效率和市场竞争力。农产品具有易腐性、季节性等特点,要求物流配送过程必须具备严格的温度控制和时效性,现代农产品物流配送模式通过运用先进的冷链物流技术,如冷藏车、冷库、温控系统等,确保农产品在运输、储存和配送过程中保持在规定的温度范围内,从而延长农产品的保鲜期和货架期。通过与农产品生产商、加工商、销售商等合作伙伴建立紧密的合作关系,实现资源共享、信息互通和利益共享,这种整合与协同不仅有助于减少农产品在流通环节中的损耗和浪费,还能提高整体运营效率和市场响应速度。在农产品物流配送过程中,积极采用环保、节能技术和设备,努力降低碳排放和对环境的影响,不仅是企业履行社会责任的体现,也是提高农产品市场竞争力的重要途径。

任务 2 冷链物流配送路线优化的基本方法

2.1 完善配送网络设计

2.1.1 合理规划配送路径

在冷链物流中,由于产品特性要求严格的温度控制,配送路径的规划不仅要考虑距离和成本,还要充分考虑时间、温度控制、交通状况等多种因素。因此,合理规划配送路径的目标是在满足冷链物流配送要求的前提下,实现成本最低、效率最高、服务最优的配送方案。在规划配送路径时,要进行全面的数据收集和分析,包括各分店的地理位置、订单需求、货物重量、交通状况等信息。通过这些数据,可以建立数学模型,如重心法、CELP法、混合整数规划法、遗传算法等,来求解最优配送方案。这些数学模型能够综合考虑多种因素,如距离、成本等,为配送路径的规划提供科学依据。在配送路径的规划过程中,还要明确配送中心布局的原则,包括距离最小化、时间最短化、成本最低化等。根据这些原则,可以选取合适的路线作为配送方案。同时,还要考虑车辆调度、货物分配等因素,进一步优化配送方案。例如,可以优先使用载货最多的车辆进行运送,以减少行车距离和成本。另外,还可以采取混合安排的取货和送货方式,以减少线路交叉次数和提高配送效率。

2.1.2 考虑货物特性与配送需求

不同种类的冷链货物具有不同的温度、湿度等环境要求,因此在配送过程中需要采取不同的措施和设备来保持其品质和新鲜度。同时,配送需求也包括交货时间、地点、数量等多方面的要求,这些都会对配送路线的选择和优化产生影响,要充分考虑货物的物理和化学特性,例如,某些冷链货物对温度波动极为敏感,如生鲜食品和特殊药品,要求在配送过程中保持稳定的低温环境。因此,在选择配送路线时,要优先考虑那些能够减少温度波动的路段和交通方式,如避免高温时段和拥堵路段,选择具备良好温控设备的运输工具等。大量的货物可能需要更大的运输空间和更强的承载能力,要求在选择配送车辆和路线时要充分考虑这些因素。例如,对于重量大、体积大的货物,可以选择承重能力强、空间宽敞的冷藏车进行运输,并规划合理的装载和卸载顺序,以提高配送效率。此外,配送需求中的交货时间、地点和方式也是决定配送路线的重要因素,例如,如果客户要求紧急交货,那么就要选择更快捷、更直接的配送路线,以确保货物能够及时送达。同时,如果交货地点位于偏远地区或交通不便的地段,那么就要提前规划好配送路线,确保运输工具能够顺利到达。

2.2 优化配送车辆配置

2.2.1 选择合适的冷藏车辆

货物的温度敏感性是选择冷藏车辆的首要考量因素,不同货物对温度的要求各不相同,有的需要恒定低温,有的则需要在特定温度范围内波动。因此,必须根据货物的具体温度要求,选择具备相应温控能力的冷藏车辆,以确保货物在运输过程中的温度稳定性。货物的体积与重量决定了所需冷藏车辆的大小与承载能力,选择过大的车辆可能导致空间浪费与成本增加,而过小的车辆则可能无法满足装载需求。因此,必须根据货物的实际体积与重量,选择尺寸与载重能力相匹配的冷藏车辆。不同品牌与型号的冷藏车辆,在温控效果、能耗、可靠性等方面可能存在差异。所以,在选择时,要对不同品牌与型号的冷藏车辆进行全面比较,选择性能优异、可靠性高、能耗低的车辆,以提高配送效率与降低成本。

2.2.2 合理安排车辆使用计划

车辆使用计划是冷链物流配送中的核心组成部分,涉及车辆的调度、路线安排、装载与卸载等多个方面。合理安排车辆使用计划,可以最大限度地提高车辆的利用率,降低空驶率,从而减少配送成本,提高配送效率。在制订车辆使用计划时,要对配送任务进行全面的分析,包括货物的数量、体积、重量以及配送地点、时间等要求。通过详细的任务分析,可以更加准确地确定所需车辆的类型、数量以及配送路线。为了提高车辆的利用率,可以采取多种策略。例如,可以根据货物的特性和配送需求,对车辆进行合理的装载与配载,确保车辆在每次出车时都能充分利用其载重和容积。同时,还可以采用共同配送的方式,即多个客户或订单共享同一辆配送车辆,以减少车辆的空驶距离和时间。

模块八　冷链物流质量控制与成本管理

项目一　冷链物流质量控制的方法与策略

任务1　冷藏链物流质量管理概念

1.1　冷链物流质量管理特点

1.1.1　高度的信息化与可视化

高度的信息化使得冷链物流过程中的各种信息,如货物温度、湿度、位置、状态等,都能够被实时、准确地采集和记录,这些信息对于确保货物的质量和安全至关重要,因为它们可以帮助物流企业实时监控货物的状况,及时发现并处理潜在的问题。同时,通过大数据分析和挖掘,物流企业还可以对冷链物流过程进行优化,提高物流效率和服务质量。通过可视化技术,如电子地图、3D建模等,冷链物流过程中的各种信息可以以图形、图像等直观的形式展现出来,使得物流企业能够更加清晰地了解物流过程的实际情况,更好地进行监控和管理。例如,通过3D可视化技术,物流企业可以构建出虚拟的冷链物流园区,对园区内的各种设备、设施进行实时监控和管理,提高园区的运行效率和管理水平。高度的信息化与可视化还使得冷链物流过程更加透明和可追溯,通过信息化手段,物流企业可以建立起完善的冷链物流信息系统,对货物的来源、去向、状态等信息进行全程记录和管理,一旦出现问题,物流企业就可以迅速追溯问题的源头,及时采取措施进行处理,确保货物的质量和安全。

1.1.2　高成本与高效率并存

冷链物流相较于传统物流,要投入更多的资金用于温控设备、信息化系统建设以及专业的运营管理团队等方面,这些都构成了冷链物流的高成本。温控设备如冷藏车、冷库等是确保货物在适宜温度范围内运输和储存的关键,而信息化系统则用于实时监控货物状态、提高物流透明度,这些都需要大量的资金投入。同时,专业的运营管理团队也是确保冷链物流高效运作的重要因素,专业知识和技能对于提升物流效率和服务质量至关重要。然而,尽管冷链物流的成本较高,但其带来的高效率也是显而易见的。通过优化物流流程,如采用先进的物流技术、提高货物周转率以及减少货物损耗等方式,冷链物流能够显著提升运输和储存效率。例如,通过应用物联网技术,可以实现对货物的实时追踪和监控,确保货物在运输过程中的安全性和及时性。此外,冷链物流还通过高度信息化的管理手段,实现了对物流资源的有效配置和利用,进一步提高了物流效率。

1.2　冷链物流质量管理的意义

1.2.1　保障食品流通的方便性与安全性

冷链物流质量管理体系确保了食品在生产、贮藏、运输、销售直至消费前的各个环节都处于所需的温湿度范围内,从而有效维持食品质量,减少损耗。这种对温度控制的严格管理不仅促进了食品的便捷流通,还为各类食品销售企业提供了安全且优质的产品,以及现代化的配送服务。特别是在易腐生鲜食品的流通中,冷链物流质量管理的作用尤为突出。由于这类食品对温度和时间极为敏感,不恰当的处理和运输方式极易导致食品变质和损耗。而冷链物流质量管理通过先进的温控技术和严格的物流流程,确保这类食品在流通过程中的新鲜度和安全性,大大降低了浪费现象。

1.2.2　优化资源配置

冷链物流质量管理体系通过先进的温控技术和严格的物流流程,确保货物在运输和储存过程中的质量和安全,也促进了资源的合理配置和高效利用。冷链物流质量管理要求企业采用先进的冷藏、冷冻设备和温控技术,以确保货物在整个供应链中的温度稳定。这不仅可以减少货物的损耗和浪费,还可以提高货物的运输和储存效率,从而降低企业的运营成本。这种对资源的高效利用,实际上也是对资源配置的一种优化。冷链物流质量管理还强调对人力资源的合理配置,冷链物流过程中需要专业的仓储管理人员、温控技术人员、物流协调员等专业人才来保障冷链物流的高效运作。这些专业人才的合理配置和利用,可以提高冷链物流的服务质量和运营效率,从而进一步优化资源配置。通过物联网、大数据、云计算等信息化技术,可以实现对货物运输、储存等环节的全方位监控和管理,提高物流运作的可见性和透明度,这种信息化技术的应用,不仅可以提高冷链物流的运营效率,还可以帮助企业更好地掌握市场需求和消费者需求,从而调整产品策略和营销策略,进一步优化资源配置。

任务2　冷链物流质量控制的具体方法与策略

2.1　建立冷链物流运作的保障体系

建立冷链物流运作的保障体系旨在确保冷链物流过程中的各个环节都能够达到既定的质量标准,从而保障货物的品质和安全,要制定一套科学、合理的冷链物流标准和规范,应涵盖冷链物流的各个环节,包括冷藏、冷冻、温控运输、温度监测等,以确保每个环节都能够按照统一的标准进行操作和管理。通过采用先进的温控技术和设备,如冷藏车、冷库等,确保货物在运输和储存过程中处于适宜的温度范围内。同时,利用物联网、大数据等信息化技术,实现对货物温度的实时监测和记录,以便及时发现并处理潜在的温度问题。此外,建立冷链物流运作的保障体系还要注重人才培养和团队建设,通过培养和引进专业的冷链物流人才,建立一支高素质、专业化的冷链物流团队,为冷链物流的质量控制提供有力的人才保障。同时,要加强冷链物流过程中的信息化和可视化建设,通过应用先进的信息化技术,如电子标签、无线射频识别等,实现对货物信息的实时采集、传输和处理,提高冷链物流的透明度和可追溯性,有助于及时发现并处理潜在的质量问题,确保货物的品质和安全。

2.2　加工过程应遵循3C、3P原则

"3C"原则指的是在整个生产加工与流通的过程中,要对物品进行爱护(Care)、保持清洁卫生(Clean)的作业环境,以及提供低温(Cool)的储存和运输环境。这一原则强调了在整个冷链物流链条中,从原材料到最终产品的每一个环节,都必须确保对货物的适当处理和保护,以避免任何可能导致质量下降的因素。保持清洁卫生的作业环境是防止货物污染和变质的基础,而低温环境则是保持货物新鲜度和延长保质期的关键。"3P"原则关注的是运输物品的质量(Produce)、处理工艺(Processing)以及包装(Package),这一原则要求冷链产品的原材料必须质量好,处理工艺必须高品质,且包装必须符合物品的特性,以确保物品在进入冷链运输环节之前的"早期质量"。高质量的原材料是生产高品质产品的前提,而优良的处理工艺和合适的包装则能进一步保障货物在运输和储存过程中的稳定性和安全性。

遵循"3C"和"3P"原则,冷链物流的质量控制能够得到显著增强,这两个原则共同构成了一个全面的质量管理体系,涵盖了从原材料采购到最终产品交付的每一个环节,确保了货物在整个冷链物流过程中的品质和安全。通过实施这些原则,企业可以更好地满足消费者对高品质、安全食品的需求,提升

市场竞争力,并实现可持续发展。

2.3　质量检查要坚持"终端原则"

坚持"终端原则"意味着在冷链物流的每一个环节,从原材料采购、生产加工、储存运输到最终交付,都必须以终端消费者的需求和期望为导向,进行全面的质量控制。这要求冷链物流企业在整个供应链中实施严格的质量管理标准,确保每一个环节都符合既定的质量要求。在质量检查环节,坚持"终端原则"要求检查人员以终端消费者的视角来审视货物,对货物的外观、温度、新鲜度、包装等各个方面进行细致入微的检查。任何不符合质量要求的货物都必须被及时识别和处理,以确保最终交付给消费者的货物是完美无瑕的。此外,坚持"终端原则"还要求冷链物流企业建立完善的质量追溯体系,通过这一体系,企业可以追溯货物的来源、加工过程、储存运输条件等,以便在发现质量问题时能够迅速定位问题源头,并采取有效的措施进行改进和预防。

2.4　运用 PDCA 循环提高冷链的管理效率

运用 PDCA 循环(即计划—执行—检查—处理循环)是提高冷链管理效率的重要手段,这一方法源于质量管理领域,被广泛应用于各种管理活动中,以实现持续改进和效率提升。在冷链物流质量控制中,PDCA 循环的应用体现在制定详细的计划阶段,要分析当前冷链物流过程中存在的问题,确定改进的目标和具体措施。例如,针对温度控制不稳定的问题,可以制定更加严格的温控标准和监测措施。在执行阶段,冷链物流企业要按照计划阶段制定的措施进行实施,包括加强温控设备的维护和使用,确保货物在运输和储存过程中的温度稳定;同时,加强人员的培训和管理,确保能够正确执行冷链物流操作规范。检查阶段是 PDCA 循环中的重要环节,企业在这一阶段要对执行阶段的结果进行评估和检查,以确定是否达到了预期的质量改进目标。这可以通过定期的质量审核、温度记录分析以及客户反馈等方式来实现。在处理阶段,冷链物流企业要根据检查阶段的结果进行总结和反思。对于成功的经验,要将其标准化并纳入到企业的管理制度中;对于失败的原因,则要进行深入分析并提出改进措施,以便在下一个 PDCA 循环中进行改进。通过不断循环执行 PDCA 循环,冷链物流企业可以实现对质量管理活动的持续改进和优化,从而提高冷链的管理效率和服务质量,这种方法的应用不仅有助于提升企业的市场竞争力,还能够更好地满足消费者对高品质、安全食品的需求。

项目二　冷链物流的成本核算与控制

任务1　冷链物流的成本核算

1.1　冷链物流成本核算的对象与内容

1.1.1　冷链物流成本核算的对象

冷链物流成本核算的对象确实主要包括与冷链物流活动紧密相关的各种费用支出。这些费用支出不仅涵盖了运输费、仓储费、包装费、管理费等直接成本，还包括了由于冷链物流活动的特殊性而产生的货物损耗、温控设备能耗、保险费用等间接成本。这些费用支出共同构成了冷链物流的总成本，是企业进行成本控制和决策的重要依据。

1.1.2　冷链物流成本核算的内容

冷链物流成本核算的内容则更加深入和细致，不仅仅是对这些费用支出的简单记录和汇总，更重要的是对这些费用支出的确认、计量、记录和报告的全过程管理。企业需要按照相关会计准则和规定，对冷链物流过程中发生的每一项费用进行准确的确认和计量，确保数据的真实性和准确性。同时，企业还需要将这些费用支出记录在相应的会计账户中，以便进行后续的成本分析和控制，为企业的战略决策提供有力的数据支持。通过全面、准确的成本核算，企业可以更好地了解冷链物流的成本构成和分布情况，进而制定更加有效的成本控制策略，提高企业的竞争力和市场地位。

1.2　冷链物流成本核算的方法

1.2.1　作业成本法

作业成本法基于作业活动的成本消耗进行核算，将冷链物流过程中的各项作业作为成本核算的对象。通过确认和计量每项作业所消耗的资源，作业成本法能够更准确地反映冷链物流的成本构成。在应用作业成本法时，要先确定冷链物流系统中涉及的资源，包括直接资源和间接资源。直接资源如包装材料、直接人工等，可以直接归集到特定的作业中，而间接资源如水电费、设备折旧等，则要通过资源动因分配到各个作业中。接下来，要确认冷链物流过程中的作业动因，即导致作业成本发生的因素。这些因素可能是订单数量、运输距离、耗油量等，具体取决于冷链物流企业的实际情况，通过作业动因，可以将作业成本分配到各个成本对象中,如产品、服务或客户。作业成本法的核心在于将成本计算分为两个阶段:第一阶段是将资源消耗分配到作业成本库中,形成作业成本;第二阶段是利用作业动因将作业成本分配到成本对象中,形成产品或服务成本,能够提供更准确的成本信息,有助于企业做出更明智的定价和运营决策。

1.2.2　运营成本法

冷链物流成本核算的方法中,运营成本法是一种常用的核算方式,侧重于从运营的角度来考量冷链物流过程中的成本消耗,运营成本法将冷链物流系统的运营过程划分为一系列相互关联的环节,如运输、仓储、包装、配送等,并针对每个环节进行成本的确认、计量和记录。在应用运营成本法时,先要识别和确定冷链物流过程中发生的各种运营成本,包括直接成本和间接成本。直接成本如运输费用、仓储租金等,可以直接归集到特定的运营环节中;而间接成本如管理费用、设备折旧等,则要通过合理的分配方法分摊到各个运营环节中。运营成本法的核心在于将冷链物流系统的总成本按照运营环节进行分摊,以便更准确地了解每个环节的成本构成和盈利情况。通过运营成本法,企业可以对冷链物流系统的运营效率进行评估,识别成本节约的潜力区域,并制定相应的成本控制策略。

1.2.3　任务成本法

在冷链物流的语境下,任务可能指的是一次特定的运输、一个仓储周期或是一个配送任务。任务成本法通过对每个任务所需资源的详细追踪和分配,来实现对冷链物流成本的精确核算。在应用任务成本法时,需要识别冷链物流过程中涉及的各种任务,并确定每个任务的成本动因,如运输距离、仓储时间、包装材料等。随后,将这些成本动因相关的资源消耗,如燃料费、人工费、设备折旧等,直接分配给各个任务。任务成本法的优势在于提供了对每个任务成本的详细视图,使企业能够准确了解不同任务的成本效益,并据此做出更明智的定价和资源配置决策。此外,通过任务成本法,企业还可以更容易地识别出成本超支或效率低下的任务,从而采取针对性的措施进行优化。

任务 2　冷链物流的成本控制

2.1　冷链物流成本控制的关键因素

2.1.1　仓储成本

仓储成本在冷链物流总成本中占有重要地位,主要包括仓库租金、设备折旧费、人员工资以及货物在仓储过程中的损耗等费用,这些成本的大小直接受到货物存储期、货物种类、货物存储量、货物周转率以及货物保管条件等因素的影响。为了有效控制仓储成本,企业要从多个方面入手,优化仓库布局和货物摆放方式,提高仓库利用率,减少空间浪费,从而降低仓库租金和设备折旧费用。加强仓储管理,确保货物在仓储过程中的安全和质量,减少货物损耗和浪费,降低货物损耗成本。此外,企业还可以通过提高仓储作业效率,降低人员工资等成本。例如,采用先进的仓储管理系统和技术,实现仓储作业的自动化和智能化,提高作业效率,减少人力成本。同时,企业还要关注货物周转率和货物保管条件对仓储成本的影响,通过加快货物周转,减少货物在仓库中的存储时间,可以降低仓储成本。而改善货物保管条件,如加强仓库的温湿度控制、防火防盗等安全措施,也可以有效减少货物损耗和浪费,进一步降低仓储成本。

2.1.2 配送成本

配送成本在冷链物流总成本中占据重要地位,涵盖了与货物配送直接相关的各项费用,包括车辆运输费、人员工资、配送设备的折旧与维护费用等,这些成本受到多种因素的影响,如配送距离、配送量、配送频率以及配送网络的布局等。通过合理规划配送路线和配送中心的位置,可以缩短配送距离,减少运输时间和成本,提高配送效率也很重要,例如采用先进的配送管理系统,实现配送过程的自动化和智能化,可以提高配送速度。企业还可以通过共同配送、合并小订单等方式,实现配送资源的共享和优化,进一步降低配送成本。同时,企业还要关注配送过程中的损耗和浪费问题,由于冷链物流的特殊性,货物在配送过程中容易受损或变质,这会增加企业的损耗成本。因此,企业要加强配送过程中的温度控制和货物保护,确保货物安全、完整地送达目的地,从而降低损耗成本。

2.2 冷链物流成本控制的策略与方法

2.2.1 加强信息化建设

信息化建设能够实现冷链物流全过程的实时监控和数据采集,借助物联网、传感器等先进技术,企业可以实时追踪货物的位置、温度等信息,确保货物在运输和仓储过程中的安全与质量。这种实时监控能够及时发现并解决潜在问题,避免因货物损坏或丢失而产生的额外成本。通过数据分析与预测,企业可以更精准地掌握货物需求、库存状况等信息,从而优化仓储和运输计划。这不仅能够减少资源浪费和库存积压,还能提高物流运作的效率,降低运营成本。信息化建设还能够促进冷链物流各环节的协同与整合,通过信息共享和系统集成,企业可以实现与供应商、承运商等合作伙伴的紧密合作,提高整体物流效率,这种协同与整合能够减少重复操作和资源浪费,进一步降低冷链物流的成本。

2.2.2　实施精益化管理

精益化管理强调在冷链物流的各个环节中消除浪费、提高效率和降低成本,以实现整体物流效益的最大化,要对冷链物流流程进行全面梳理和优化,通过精细化操作、流程再造等手段,消除不必要的环节和浪费,提高物流运作的流畅性和效率。例如,优化仓库布局、减少货物搬运次数、提高装卸效率等,都可以有效降低物流成本。在冷链物流中,货物的质量和安全至关重要,实施精益化管理要加强对货物质量的监控和管理,确保货物在运输和仓储过程中不受损坏或污染。同时,还要建立完善的风险管理机制,对可能出现的风险进行预测和防范,避免因此产生的额外成本。实施精益化管理企业应不断关注市场动态和客户需求的变化,及时调整和优化物流策略和方法。同时,还要积极引入新的技术和管理方法,不断创新和完善物流体系,以提高物流效率和降低成本。

项目三　冷链物流风险的识别与评估、应对策略

任务 1　冷链物流风险的识别与评估

1.1　冷链物流风险的识别

1.1.1　内部风险

内部风险主要源自冷链物流体系内部的各个环节和要素,其识别和分析对于风险的有效防控至关重要,冷链物流的内部风险主要包括设备故障、操作失误以及管理不善等方面,冷库和冷藏车辆作为冷链物流的核心设备,其故障可能导致货物温度失控、质量受损,进而引发客户投诉和赔偿风险。因此,对这些设备的定期维护和检修是识别和控制内部风险的重要环节。由于冷链物流对温度和时间的严格控制要求,人员操作的规范性和准确性直接影响货物的质量和安全。因此,加强人员培训、增强操作技能和意识是降低内部风险的有效手段。此外,管理不善也可能导致冷链物流内部风险的发生,例如,库存管理不当可能导致货物过期、变质或丢失;信息传递不畅可能导致订单处理错

误、配送延误等。

1.1.2 外部风险

外部风险主要源自冷链物流体系之外的因素,其识别和分析有助于企业制定有效的风险应对策略,冷链物流的外部风险主要包括市场需求风险、环境风险以及经济政策风险。市场需求风险是指由于市场波动导致冷链物流需求的不确定性。生鲜电商等新兴交易模式的兴起使得冷链物流面临更高的市场需求风险,对市场趋势的准确预测和灵活应对是识别和控制市场需求风险的关键。环境风险是指由于自然因素和社会因素导致的冷链物流风险,例如,城市交通拥堵、自然灾害等不可控因素可能对冷链物流造成严重影响,对外部环境的实时监测和预警机制的建立是识别和控制环境风险的重要措施。

1.2 冷链物流风险的评估

1.2.1 SWOT 分析法

SWOT 分析法通过综合考虑企业内部条件和外部环境的各种因素,系统评估冷链物流的优势、劣势、机会和威胁,从而全面识别潜在的风险因素。在冷链物流风险评估中应用 SWOT 分析法时,要对冷链物流的内部条件进行深入分析,包括评估冷链物流企业的基础设施、技术能力、管理经验以及员工素质等方面,以确定企业在冷链物流领域中的优势和劣势。例如,先进的冷链技术和设备、完善的信息化管理系统以及经验丰富的管理团队,都可能构成企业的优势;而技术落后、设备老化或管理不善,则可能成为企业的劣势。同时,SWOT 分析法还要求对冷链物流的外部环境进行全面考察,包括市场需求、竞争格局以及自然环境等方面,以识别冷链物流所面临的机会和威胁。例如,生鲜电商的快速发展可能为冷链物流带来新的市场机会。通过 SWOT 分析,冷链物流企业可以清晰地识别出自身在冷链物流领域中的优势与劣势,以及所面临的机会与威胁。这种全面的风险评估有助于企业制定针对性的风险应对策略,如加强技术研发、优化管理流程、拓展市场渠道或建立应急响应机制等,企业可以更好地应对冷链物流过程中的各种风险挑战,确保冷链物流的安全性、高效性和可持续性。

1.2.2 事件树分析法

事件树分析法(Event Tree Analysis,ETA)是一种重要的逻辑图分析法,用于描述冷链物流事故发展过程中可能的序列,从而帮助识别潜在的风险因素并评估其可能的影响。事件树分析法通过构建事件树,将冷链物流过程中可能发生的某种事故与导致事故发生的各种原因之间的逻辑关系以一种树形图的方式表示出来。在这个树形图中,每个树枝代表一个可能的事件状态,树枝上的横线上面写明事件过程内容特征,横线下面则注明成功或失败的状况说明。通过这种方式,事件树分析法能够清晰地展示出冷链物流事故发展的各种可能途径和后果。事件树分析法在冷链物流风险评估中的应用可以帮助企业识别和分析潜在的风险因素,如设备故障、操作失误、天气灾害等,并评估这些因素对冷链物流过程的影响程度和可能性。通过定性分析和定量分析,企业可以确定最易发生事故的途径,并制定相应的风险应对策略。事件树分析法在冷链物流风险评估中的优势在于其系统性和逻辑性,能够全面考虑冷链物流过程中各种因素之间的相互作用和影响,从而提供更准确的风险评估结果。此外,事件树分析法还可以帮助企业优化冷链物流流程,提高运作效率,并降低潜在的风险和损失。

1.2.3　模糊层次分析方法

模糊层次分析法(FAHP 方法)是一种常用的多属性决策方法,将模糊数学和层次分析法相结合,用来处理冷链物流风险评估中的模糊性和不确定性问题。FAHP 方法的基本原理是通过建立冷链物流风险的层次结构模型,将复杂的风险问题分解为多个组成因素,并按照这些因素之间的相互关系进行分层排列。然后,通过构建判断矩阵、计算权重向量和一致性检验等步骤,确定每个因素对冷链物流风险的贡献度,并据此评估风险的大小和等级。具体来说,FAHP 方法在冷链物流风险评估中的应用包括以下几个步骤:第一,根据冷链物流的特点和风险评估的需求,构建层次结构模型,将风险因素分为不同的层次和子层次;第二,利用专家访谈、问卷调查等方式收集数据,构建判断矩阵,对同一层次的风险因素进行两两比较;第三,通过计算权重向量和一致性检验,得出每个风险因素的权重和排序,从而确定冷链物流风险的大小和等级。

任务 2　冷链物流风险的应对策略

2.1　优化冷链物流设施与设备

2.1.1　更新冷藏设备

随着科技的飞速发展和冷链物流需求的日益增长,传统的冷藏设备已难以满足现代冷链物流的高效、安全和可持续性要求。因此,冷链物流企业必须积极更新冷藏设备,以提高冷链物流的质量和效率,并降低潜在的风险。先进的冷藏设备具有更高的性能和可靠性,能够有效地保持货物的温度和湿度,在运输和储存过程中减少货物的损耗和变质,从而降低货物质量风险。新的冷藏设备通常配备有先进的监控系统和报警装置,能够实时监测货物的状态和环境参数,及时发现并应对潜在的风险,如设备故障或温度波动,从而增强冷链物流的安全性。此外,更新冷藏设备还有助于提升冷链物流企业的运营效率和市场竞争力,先进的冷藏设备通常具有更高的自动化和智能化水平,能够减少人工操作,并增强物流服务的准确性和及时性,将使冷链物流企业能够更好地满足客户的需求,提升市场竞争力,并实现可持续发展。

2.1.2 采用先进技术

先进技术的引入,如物联网技术、大数据分析、区块链等,能够显著提升冷链物流的信息化和智能化水平,物联网技术通过传感器、RFID 等设备,实现对货物和运输环境的实时监控,确保货物在运输过程中的温度、湿度等参数保持在适宜范围内,从而降低货物变质或损坏的风险。大数据分析则可以对海量的物流数据进行挖掘和分析,发现潜在的风险因素,为风险应对提供科学依据。区块链技术的应用则可以提高冷链物流的透明度和可追溯性,确保货物的来源和流向清晰可见,降低欺诈和假冒的风险。此外,先进技术的采用还可以优化冷链物流的运营流程,提高物流效率。例如,通过智能化的仓储管理系统,企业可以实现对货物的自动化分拣、包装和存储,减少人工操作带来的误差和延误。而先进的运输管理系统则可以帮助企业实现对运输路线的优化和调度,降低运输成本和风险。

2.2 提升信息化管理水平

2.2.1 建立信息平台

信息平台作为冷链物流的核心组成部分,通过集成信息技术和数据管理,能够实现冷链物流过程的全面监控和风险管理,进而有效降低潜在风险并提高运营效率。通过信息平台,冷链物流企业可以实时获取和监控货物在运输和储存过程中的温度、湿度等关键环境参数,确保货物处于适宜的环境条件下。同时,信息平台还能够提供货物的实时位置和状态信息,提升对冷链物流过程的掌控能力。通过数据分析和挖掘,信息平台能够识别潜在的风险因素,如交通拥堵、设备故障等,并提前预警,使冷链物流企业能够及时采取相应的应对措施,降低风险发生的可能性。此外,信息平台还能够记录和追溯货物的来源和流向,增强冷链物流的可追溯性和安全性。信息平台的建立还有助于提升冷链物流企业的运营效率和服务质量,企业通过信息平台可以实现订单管理、仓库管理、运输调度等业务的自动化和智能化,减少人工操作,提高运营效率。同时,信息平台还能够提供客户查询和追踪货物的便捷渠道,提升客户满意度和服务质量。

2.2.2　推广物联网技术

物联网技术通过智能感知、识别技术与普适计算等通信感知技术,将各种信息传感设备与互联网结合起来而形成的一个巨大网络,其在冷链物流中的应用,可以实现货物和环境的实时监控、追踪和管理,为冷链物流的风险应对提供了新的解决方案。物联网技术的推广能够提高冷链物流的透明度和可追溯性。通过在冷链物流的各个环节部署传感器和 RFID 等设备,可以实时采集货物的温度、湿度、位置等信息,并将这些信息传输到信息平台进行处理和分析。这使得冷链物流企业能够实时掌握货物的状态和环境参数,及时发现并解决潜在的风险问题。物联网技术还能够提高冷链物流的风险预警和应对能力,通过对采集的数据进行实时分析和挖掘,物联网技术可以预测货物的运输和储存过程中可能遇到的风险,如设备故障、交通拥堵等,并提前发出预警信号,使得冷链物流企业能够及时采取相应的应对措施。通过实现货物和环境的实时监控和管理,物联网技术可以优化冷链物流的运营流程,提高运输和储存的效率。同时,物联网技术还能够为客户提供更加便捷和准确的货物追踪和查询服务,提升客户的满意度和忠诚度。

模块九　冷链物流信息化与智能化技术

项目一　冷链物流信息系统的设计与实施

任务 1　冷链物流信息系统的设计

1.1　系统架构

冷链物流信息系统的架构通常采用分层设计,包括数据采集层、数据传输层、数据处理层和应用层,这种分层设计有助于实现系统的模块化和松耦合,增强系统的可维护性和可扩展性。数据采集层是系统的基础,负责实时采集货物和环境的各种数据,如温度、湿度、位置等。这些数据是冷链物流信息系统进行监控、追踪和决策的基础。

1.1.1　数据传输层

数据传输层负责将数据采集层收集到的数据传输到中央数据库或云平台。这一层的设计需要考虑数据的实时性、完整性和安全性。为了保证数据的实时传输,可以采用先进的通信技术和协议,如 5G、MQTT 等。同时,为了保证数据的安全性,可以采用加密技术对数据进行加密传输。

1.1.2　数据处理层

数据处理层是冷链物流信息系统的核心,负责对传输的数据进行清洗、分析和挖掘。通过数据处理,提取出有价值的信息,如货物的运输状态、环境变化趋势等。这些信息对于冷链物流的监控、预警和决策制定至关重要。因此,数据处理层的设计要考虑算法的效率、准确性和可扩展性。

1.1.3　应用层

应用层是冷链物流信息系统的用户界面和接口,负责提供各种业务操作和决策制定的功能。应用层的设计要注重用户体验和易用性,也要考虑系统的安全性和稳定性。为了保证系统的安全性,可以采用身份验证、访问控制等技术来防止未经授权的访问和操作。

1.2 关键功能模块

1.2.1 实时监控模块

实时监控模块负责实时采集、处理和显示冷链物流过程中的各种关键数据,以确保货物的质量和安全。通过传感器、RFID等设备实时采集货物和环境的温度、湿度、位置等信息。这些数据是实时监控的基础,也是后续处理和分析的依据。将采集到的数据以图表、数字等形式实时显示在监控界面上,并定期更新数据,以确保用户能够获取到最新的货物和环境状态信息。当货物状态或环境参数超出预设的正常范围时,实时监控模块能够自动发出报警信号,提醒用户及时采取措施。实时监控模块的技术实现主要依赖于物联网技术、大数据技术和云计算技术。通过物联网技术,将传感器、RFID等设备与互联网连接起来,实现数据的实时采集和传输。利用大数据技术,可以对采集到的海量数据进行实时处理和分析,提取出有价值的信息,并用于实时监控和预警。云计算技术提供了强大的计算和存储能力,可以支持实时监控模块的高并发访问和大规模数据处理。

1.2.2 追踪与追溯模块

追踪与追溯模块主要通过先进的物联网技术和信息管理手段,对冷链物流过程中的货物进行全程追踪与追溯,确保货物的来源和流向清晰可查。追踪与追溯模块通过物联网技术,如条码或RFID等,实时追踪货物的位置和状态,确保货物在运输和储存过程中的安全性和完整性。提供货物的历史追溯信息,包括货物的来源、生产日期、运输路线、储存条件等,以便在需要时进行查询和验证。可以将追踪、追溯信息与冷链物流信息系统的其他模块进行集成和共享,提高信息的透明度和可追溯性。利用条码或RFID等物联网技术,为货物赋予唯一的身份标识,并通过读写设备实时获取货物的位置和状态信息。建立完善的数据库系统,存储货物的追踪与追溯信息,并提供高效的数据查询和处理能力。通过数据交换技术,实现追踪与追溯信息和冷链物流信息系统其他模块之间的信息共享和交换。

1.2.3 预警与报警模块

预警与报警模块负责监测冷链物流过程中的各种关键指标,并在指标超出预设范围时及时发出预警或报警信号。预警与报警模块允许用户根据冷链物流的实际需求,设置各种关键指标的预警和报警阈值,如温度、湿度等。通过物联网技术实时采集货物和环境的数据,并监测这些数据是否超出预设的阈值。当监测到数据超出预设阈值时,模块能够自动发出预警或报警信号,提醒用户采取应对措施。

任务2 冷链物流信息系统的实施

1.1 实施前的准备

1.1.1 需求分析与规划

对于冷链物流信息系统实施前的需求分析与规划,物流企业要明确实施目标,通常包括提高冷链物流的运营效率,降低物流成本,提高货物的追踪与追溯能力,以及提升客户满意度等。通过设定明确的目标,为后续的需求分析和系统规划提供方向。在目标确定之后,要进行深入的需求分析,包括对冷链物流业务流程的详细梳理,识别出存在的痛点和需要改进的环节。例如,物流企业可能需要分析冷链物流中的温度控制、货物追踪、仓储管理、配送调度等关键环节,并理解这些环节之间的相互作用和依赖关系。此外,还要与冷链物流业务的相关人员进行充分的沟通,了解他们的实际需求和期望,确保需求分析的全面性和准确性。基于需求分析的结果,进行系统规划,包括确定系统的功能模块和架构,选择适合的技术平台和开发工具,以及制订详细的项目实施计划。在规划过程中,要充分考虑冷链物流业务的特殊性和复杂性,确保系统能够满足实际业务的需求。同时,还要对系统的可扩展性、易用性、稳定性以及安全性进行充分的评估和规划,以确保系统能够在未来的发展中持续满足业务需求。此外,在实施前的准备阶段,物流企业还要对项目的资源需求进行充分的评估,包括人力资源、资金、时间等,需要组建专门的项目团队,明确团队成员的角色和职责,并为其提供必要的培训和支持。同时,还要制定详细的项目预算和时间表,确保项目的顺利实施。

1.1.2 组织与团队准备

冷链物流信息系统实施前的组织与团队准备涉及组建专门的项目团队,并为团队成员提供必要的培训和支持,以确保其具备实施冷链物流信息系统所需的专业技能和知识。要组建一个专门的项目团队来负责冷链物流信息系统的实施工作,这个团队应该由具备冷链物流业务知识和信息技术专业知识的人员组成,共同负责系统的规划、设计、实施和后续的维护工作。在组建团队时,要明确每个团队成员的角色和职责,确保能够充分发挥自己的专业优势,并为项目的成功实施做出贡献。由于冷链物流信息系统的实施涉及复杂的业务流程和技术应用,团队成员要接受专业的培训来提高专业技能和对新系统的认识。培训内容可以包括冷链物流业务知识、信息系统应用技术、项目管理方法等,以确保团队成员能够胜任他们的工作,并为系统的成功实施提供有力支持。除了专业技能培训外,还要注重培养团队成员之间的沟通和协作能力,冷链物流信息系统的实施是一个团队合作的过程,团队成员之间要保持良好的沟通和协作,共同解决问题和应对挑战。

1.2 实施过程中的关键步骤

1.2.1 系统安装与配置

系统安装与配置是冷链物流信息系统实施的基础环节,其重要性不容忽视。这一步骤的成功执行直接关系着后续系统使用的稳定性和效率。因此,在实施过程中,必须严格按照既定的流程和技术要求进行操作。在系统安装之前,要进行充分的环境准备,包括检查服务器的硬件环境,如 CPU、内存、存储空间等,确保其满足系统运行的最低要求。同时,还要确认操作系统的版本与冷链物流信息系统软件是否兼容,以避免因版本不匹配而导致的运行问题。此外,网络环境的稳定性也是系统安装前要考虑的重要因素。必须确保网络连接的可靠性,以便系统能够正常访问互联网或局域网内的其他资源。在环境准备完成后,即可开始进行系统软件的部署,包括将软件安装包复制到服务器上,并按照供应商提供的安装指南执行安装程序。在安装过程中,要特别注意数据库的配置。数据库是冷链物流信息系统的核心组成部分,用于存储和管理大量的业务数据。因此,在安装数据库时,必须按照最佳实践进行配置,以确保其性能和安全性。此外,还要根据组织的实际需求,设置系统的基本参数,如用户角色、权限、基础数据等。这些参数的设置将直接影响系统后续的使用和管理方式,因此必须谨慎对待。

1.2.2 数据迁移与集成

数据迁移的首要任务是数据的清洗与转换,由于历史原因或人为因素,旧系统中的数据可能存在重复、错误或不一致的情况。因此,在进行数据迁移之前,必须对这些数据进行清洗,以确保迁移到新系统的数据是准确、完整和一致的。同时,新系统的数据结构可能与旧系统不同,因此还要将数据转换为新系统所需的格式。数据迁移的核心是将清洗和转换后的数据导入到新系统中,这一过程要使用专业的数据迁移工具或编写迁移脚本,以确保数据准确传输。在迁移过程中,还要对数据进行验证,以确保数据的完整性和准确性。除了数据迁移外,数据集成也是这一步骤的重要内容。冷链物流信息系统可能要与现有的业务系统(如 ERP、WMS 等)进行集成,以实现数据的实时同步和交换。系统集成的具体方式要根据实际业务需求和技术架构来确定。

项目二 冷链物流智能化技术的应用

任务 1 智能化技术在冷链物流中的应用

1.1 智能调度与路径优化

冷链物流,作为一个对温度、湿度等环境条件有着严格要求的物流领域,其运作的复杂性和精细度远高于一般物流。因此,智能化技术的引入,不仅为冷链物流带来了前所未有的效率提升,更在保障货品质量、优化资源配置等方面发挥了重要作用。

1.1.1 智能调度

在智能调度方面,智能化技术通过大数据分析、机器学习等高级算法,实现了对冷链物流资源的精准调配,系统能够实时收集并分析各类物流数据,如货物种类、数量、运输距离、仓储条件等,进而预测未来的物流需求。基于这些预测,智能调度系统能够自动进行任务分配和资源调度,确保每一项物流任务都能得到高效、准确处理。这种智能调度的应用,不仅大大提高了冷链物流的运作效率,还有效降低了物流成本,为企业创造了更大的经济效益。

1.1.2 路径优化

在路径优化方面,智能化技术同样展现出强大的实力。通过深度学习等先进技术,系统能够建立精确的路径规划模型,为冷链物流提供最优的运输路径。这些模型不仅考虑了基本的距离和时间因素,还综合了交通状况、天气条件、货物特性等多重因素,从而确保每一次运输都能选择最安全、最经济、最快捷的路径。此外,智能化技术还能实时监测运输过程中的各种情况,及时调整路径和计划,以应对可能出现的突发状况。

1.2 实时温度监控

冷链物流的核心在于确保货物在运输和储存过程中的温度控制,以维护产品的质量和安全。实时温度监控技术作为智能化技术的重要组成部分,在这方面发挥了至关重要的作用。实时温度监控技术通过先进的传感器网络和数据处理系统,能够不间断地监测并记录冷链物流中各个环节的温度数据。这些传感器不仅精度高,而且响应速度快,能够捕捉到温度的微小变化,并通过无线网络实时将这些数据传输到中央监控系统。该技术的重要性在于其对温度敏感型产品的保障能力,冷链物流中运输的往往是生鲜食品、药品等要严格控制温度条件的商品。温度的波动可能对这些商品的质量和安全性产生重大影响,甚至可能导致产品失效或变质。实时温度监控技术的引入,使得这些潜在风险得以大大降低。

1.3　库存管理与预测

库存管理与预测是提升物流效率、优化资源配置的关键环节,库存管理涉及对货物存储、流转和补充等多个方面的精准把控,而预测则是对未来货物需求与消耗的科学估算。冷链商品往往具有高价值、易损耗等特性,对库存管理的精细度和预测的准确性要求极高。智能化技术通过引入先进的数据分析模型和机器学习算法,为冷链物流的库存管理带来了革命性的变革,系统能够实时收集并分析库存数据,包括货物的数量、种类、存储位置、保质期等信息,从而实现对库存状态的实时监控和动态调整。此外,通过与其他物流环节的紧密配合,如采购、销售等,智能化库存管理系统能够确保货物的及时补充和合理调配,有效避免断货或积压现象的发生。在预测方面,智能化技术利用大数据分析和历史销售数据,构建精准的预测模型,这些模型能够综合考虑市场趋势、季节性变化、消费者行为等多种因素,对未来货物的需求和消耗进行准确预测。基于这些预测结果,企业可以提前做好生产计划和采购准备,确保货物的充足供应,同时减少不必要的库存积压和资金占用。智能化技术在冷链物流库存管理与预测中的应用,不仅提高了库存管理的精细度和预测的准确性,还为企业带来了显著的经济效益和运营优势。通过减少库存积压、优化资源配置、提高货物周转率等措施,企业能够有效降低成本、提升市场竞争力,并为消费者提供更加优质、高效的服务体验。

1.4　货物追踪与溯源

1.4.1　货物追踪

在货物追踪方面,智能化技术通过利用全球定位系统(GPS)、射频识别(RFID)等技术手段,实现对货物位置的实时监控和记录。这些技术能够精确追踪货物的运输路径和停留时间,为企业提供货物状态的实时信息,有助于及时发现潜在问题并进行相应调整。同时,无线网络传输数据使得货物的追踪信息可以实时共享,提高了物流运作的协同性和效率。

1.4.2　货物溯源

在溯源方面,智能化技术通过构建完整的供应链信息记录,使得每一件货物都可以追溯到其生产、加工、运输等全过程。这不仅有助于企业在发生问题时迅速定位原因,采取有效措施,还能为消费者提供更加透明、可信的产品信息。特别是在食品安全和药品质量等敏感领域,智能化溯源技术能够提供不可篡改的数据记录,提高消费者对产品的信任度。

任务2　智能化技术对冷链物流的效益分析

2.1　效率提升

应用智能化技术极大地优化了冷链物流的运作流程,从而实现了效率的大幅度提升。具体而言,通过应用智能化技术,如物联网监控、大数据分析、自动化仓储系统等,冷链物流的各个环节得到了更为精细和高效的管理。物联网技术实现了对货物状态的实时监控,减少了人工检查的时间和成本;大数据分析则能够预测物流需求,优化运输路线,从而缩短运输时间和成本;自动化仓储系统通过机器人等自动化设备,提高了货物的分拣、存储和出库效率。这些智能化技术的应用,不仅减少了人工操作的烦琐和错误,还使得冷链物流的运作更加精准和快速。相较于传统的冷链物流方式,智能化技术带来的效率提升是显而易见的。它帮助企业实现了资源的优化配置,提高了物流运作的整体效能,从而为企业创造了更大的经济效益。

2.2　成本降低

在现代物流管理中,成本是一个核心考量因素,而智能化技术的引入,正是为了在保障物流服务质量和效率的同时,实现成本的优化与降低。智能化技术通过多个维度对冷链物流的成本结构进行了重塑,从能源消耗的角度来看,智能化技术通过精细化的温度控制和环境监测,实现了能源的高效利用。传统的冷链物流中缺乏对温度和环境因素的精确把控,往往会导致能源的浪费。而智能化技术通过实时监测和调控储存环境的温度、湿度等参数,确保了货物储存环境的稳定性和适宜性,从而大大降低了能源的消耗,节约了成本。智能化技术在提升冷链物流运作效率的同时,也显著降低了人工成本。在传统的冷链物流中,大量的人工操作不仅效率低下,而且容易出现错误和延误,增加了不必要的成本开支。而智能化技术通过自动化仓储系统、机器人分拣等先进技术的应用,实现了物流过程的自动化和智能化,减少了人工干预的需要,从而降低了人工成本。同时,智能化技术还能够优化运输路线和计划,减少空驶和等待时间,提高了车辆的运输效率,进一步节约了成本。此外,智能化技术还通过增强冷链物流的准确性和可靠性,降低了货物损失和退货率,从而节约了成本。传统的冷链物流由于信息不透明、监控不到位等问题，货物在运输和储存过程中容易出现损坏和丢失的情况，给企业带来了巨大的经济损失。而智能化技术通过实时的货物追踪和监控，可以及时发现并解决问题，确保货物完好无损地到达目的地，降低了货物损失的风险和成本。

2.3　客户体验优化

在当今竞争激烈的市场环境中，提供卓越的客户体验已成为企业持续成功的关键因素。对于冷链物流而言，智能化技术的引入显著提升了服务质量，进而优化了客户体验。智能化技术通过提供实时的物流信息，增强了客户的知情权和参与度。在传统的冷链物流中，客户往往难以准确了解货物的实时状态和位置，这种信息不对称可能导致客户焦虑和不满。然而，借助智能化技术，特别是物联网和大数据的应用，企业现在能够为客户提供实时的货物追踪服务。客户可以通过手机或电脑随时查询货物的最新位置和预计到达时间，这种透明度的提升显著增强了客户的信任感和满意度。智能化技术有助于冷链物流提供更高效、更准时的服务，从而满足客户对速度和可靠性的高期望。通过智能调度系统和路径优化算法，企业能够更精确地预测运输时间并规避潜在的延误风险。这不仅减少了货物的在途时间，还增强了交货的准时性，进一步提升了客户体验。此外，智能化技术还通过改善冷链物流的温度控制和环境监测能力，确保了货物的高品质。冷链物流的核心在于保持货物在运输和储存过程中的温度稳定，智能化技术通过实时监测和调整温度、湿度等环境因素，最大限度地减少了货物损坏和变质的风险，这种对品质的严格把控，不仅保护了客户的利益，也提升了企业的声誉和客户满意度。

项目三　大数据与物联网在冷链物流中的应用与前景

任务1　大数据在冷链物流中的应用与前景

1.1　大数据在冷链物流中的应用

1.1.1　预测货物需求和消耗

在冷链物流领域，大数据技术的应用正逐渐展现出其强大的潜力和价值，特别是在预测货物需求和消耗方面。通过深度挖掘和分析历史销售数据、市场趋势、消费者购买行为以及供应链信息等多源数据，大数据为冷链物流提供了前所未有的预测能力。具体而言，大数据技术能够整合来自不同渠道的数据,如电商平台交易记录、社交媒体用户讨论、线下零售店销售数据等,构建一个全面且多维度的数据基础。这些数据不仅包含了销售数量和销售额等直接指标,还反映了消费者的偏好、购买习惯以及市场动态等间接信息。通过这些分析模型,企业能够更准确地预测未来一段时间内的货物需求和消耗情况,这种预测不仅考虑了历史销售趋势,还结合了当前的市场环境、消费者情绪以及竞争对手的动态等多重因素。此外,大数据技术还能够实时监测货物的销售和库存情况,以便及时调整预测模型并优化库存策略。这种动态调整能力使企业能够更灵活地应对市场变化,减少库存积压和缺货风险。

1.1.2 实时监控货物状态

大数据技术通过与安装在货物或运输工具上的传感器相连,能够实时收集各种关键数据,如温度、湿度、位置信息等;这些数据通过无线网络实时传输到中央数据库,确保了数据的时效性和准确性。大数据技术运用高级分析算法对这些实时数据进行处理和分析,例如,通过比较实时温度数据与预设的安全范围,系统可以迅速识别出任何潜在的温度异常,这种实时监控和即时反馈机制,大大减少了货物因温度波动而受损的风险。此外,大数据技术还能结合地理信息系统(GIS)数据,对货物的运输路径进行实时监控,不仅有助于确保货物按照预定路线及时送达,还能在出现交通拥堵或天气变化等突发情况时,为物流企业提供调整运输策略的依据。通过大数据分析,企业可以对货物的状态进行预测性维护,例如,基于历史数据和实时数据的分析,可以预测设备可能出现的故障,从而提前进行维护,避免在运输过程中出现设备故障导致的货物损失。

1.2 大数据在冷链物流中的前景

1.2.1 推动冷链物流智能化转型

随着科技的飞速发展,大数据技术正逐渐成为冷链物流行业智能化转型的核心驱动力,大数据技术的应用不仅将冷链物流的各个环节紧密相连,还为其提供了数据驱动的决策支持,从而推动整个行业向更高效、更智能的方向发展。大数据技术具备强大的数据处理和分析能力,能够对冷链物流中产生的海量数据进行深入挖掘,为物流企业揭示出隐藏在数据背后的有价值信息。这些信息包括但不限于货物的运输路径优化、库存管理的最佳策略、市场需求的预测等,都是冷链物流智能化转型过程中不可或缺的重要决策依据。在冷链物流智能化转型的过程中,大数据技术将与物联网、云计算、人工智能等先进技术深度融合,共同构建一个高度智能化的物流系统。这个系统能够实时监控货物的状态和位置,自动调整运输和仓储策略,以确保货物在最佳状态下快速、安全地到达目的地。此外,大数据技术还将助力冷链物流实现更高级别的自动化,通过精确的数据分析,物流企业可以自动化地调度车辆、分配人员、管理库存等,从而大大提高运营效率并降低成本,这种自动化水平的提升,将使冷链物流行业更加灵活、高效地应对市场变化和客户需求的多样性。

1.2.2 促进冷链物流行业的绿色发展

在全球环保意识的日益增强和可持续发展的呼声下,冷链物流行业的绿色发展显得尤为迫切,大数据技术的引入和应用,不仅提升了冷链物流的运营效率,还为其绿色发展开辟了新的路径,具有深远的环保意义和经济价值。大数据技术通过优化运输路径和计划,显著减少了无效的运输和空驶,从而降低了能源消耗和碳排放,这种优化是基于对交通、天气、货物量等多元数据的综合分析,确保每一次运输都是高效且环保的。大数据技术能够精准预测货物的需求和消耗,帮助物流企业实现库存的最优化管理,不仅减少了库存积压和浪费,还避免了因过度库存而导致的资源消耗和环境污染,通过实时数据监控,企业可以更加精准地进行补货和调整库存,从而降低整体的运营成本和环境负担。此外,大数据技术与物联网的结合,使得冷链物流过程中的能源消耗和环境影响可以被实时监控和管理,例如,通过监测冷藏车的能耗数据和排放情况,企业可以及时进行调整和优化,确保在满足货物运输需求的同时,最大限度地降低对环境的影响。

任务2 物联网在冷链物流中的应用与前景

2.1 物联网在冷链物流中的应用

2.1.1 环境监测与调控

物联网技术的应用,使得冷链物流实现了前所未有的智能化和自动化,极大地提升了冷链物流的效率和可靠性。物联网技术通过部署无线传感器网络,能够实时监测冷链物流环境中的温度、湿度、气体成分等关键参数,这些传感器节点不断收集环境数据,并通过无线网络将这些数据实时传输到中央控制系统。这种实时的环境监测能力,为冷链物流提供了精确的环境信息,有助于及时发现潜在的环境异常。基于实时收集的环境数据,物联网技术能够自动调控冷链物流环境的设备,如空调、加湿器等,以确保环境参数维持在预设的适宜范围内。这种自动调控机制不仅提高了环境控制的精度,还大大减少了人工干预的需求,降低了运营成本。此外,物联网技术还支持远程监控和调控。无论身处何地,管理人员都能通过手机、电脑等终端设备,实时查看冷链物流环境的状态,并进行必要的调控操作。这种远程管理能力,极大地增强了冷链物流的灵活性和应急响应能力。

2.1.2　智能化管理与决策支持

通过物联网技术的深度应用,冷链物流企业能够更高效地管理运营流程,同时基于实时数据做出更明智的决策。物联网技术使得冷链物流中的各个环节能够被实时监控和记录,通过 RFID 标签、传感器、GPS 定位等技术手段,企业可以追踪货物的精确位置和状态,从而获得关于货物运输、储存等全过程的详尽数据。这些数据不仅反映了物流操作的实时状况,还为后续的数据分析提供了丰富的信息基础。在智能化管理方面,物联网技术助力冷链物流企业实现流程的自动化和优化,例如,通过实时监测货物的状态和位置,系统可以自动调整运输和储存条件,确保货物始终保持在最佳状态。此外,物联网技术还能帮助企业优化资源分配,如合理调度车辆和人员,从而提高运营效率并降低成本。在决策支持方面,物联网技术收集的大量数据成为企业决策的重要依据,通过对历史数据和实时数据的综合分析,企业可以更准确地预测市场趋势和客户需求,从而调整战略和业务模式以适应市场变化。

2.2　物联网在冷链物流中的前景

2.2.1　更绿色的冷链物流

随着全球对环境保护的日益重视,绿色物流已成为行业发展的重要趋势,在这一背景下,物联网技术的深入应用为冷链物流实现更绿色的发展提供了有力支持,展现出广阔的前景。物联网技术通过实时监测和智能控制,能够显著提高冷链物流的能效和资源利用率。例如,通过精确追踪货物的位置和状态,物联网技术有助于减少无效的运输和仓储活动,从而降低能源消耗和碳排放。此外,物联网还能优化运输路径和计划,进一步减少运输过程中的能耗和排放。同时,物联网技术有助于实现冷链物流资源的合理利用和循环,通过数据分析和预测,企业可以更加精准地管理库存,减少过剩和浪费。在仓储环节,物联网技术能够实时监控仓库环境,确保货物在最佳条件下储存,减少因环境不适宜而造成的损失和浪费。此外,物联网技术还能促进冷链物流行业的协同和信息共享,从而提高整个供应链的效率和可持续性。通过物联网平台,供应链各方可以实时共享数据和信息,减少信息不对称和重复劳动,进一步降低资源消耗和环境影响。

2.2.2　更智能化的供应链管理

物联网技术的不断发展和普及,为冷链物流行业带来了前所未有的智能化转型机会,尤其在供应链管理方面,其前景尤为广阔。通过深度融入物联网技术,冷链物流有望实现更智能化的供应链管理,从而提升整体运营效率和市场竞争力。物联网技术为冷链物流提供了全面的数据感知能力,通过无线传感器网络,可以实时采集和传输货物、环境和设备等各种数据。这些数据不仅反映了当前的运营状态,还可用于预测未来的需求和风险。为供应链管理者提供了丰富的信息基础,有助于做出更明智的决策。基于物联网技术的智能化供应链管理系统能够实现自动化的运营和优化,传统的供应链管理往往需要大量的人工介入,而物联网技术的应用则可以使许多流程自动化。例如,自动化的订单处理、库存管理和货物运输等,这不仅可以提高运营效率,还能减少人为错误和成本。物联网技术还使供应链的反应速度更快、灵活性更高。通过实时的数据监测和分析,企业可以迅速调整供应链策略,以适应市场的变化和客户的需求。这种快速响应能力在竞争激烈的市场环境中尤为重要。此外,物联网技术还有助于实现供应链的可视化和透明化,供应链中的各个环节都可以被实时监控和追踪,管理者可以随时了解供应链的运行状态,及时发现并解决问题,有助于增强供应链的稳定性和可靠性。

参 考 文 献

[1]邓汝春.冷链物流运营实务[M].北京:中国物资出版社,2007.

[2]李建春.农产品冷链物流[M].北京:北京交通大学出版社,2014.

[3]丁玉珍,宁鹏飞.智慧冷链物流发展研究[M].北京:中国财政经济出版社,2021.

[4]冷凯君.基于大数据时代背景下农产品冷链物流一体化模式研究[M].北京:九州出版社,2020.

[5]谢如鹤.冷链运输原理与方法[M].北京:化学工业出版社,2013.

[6]管育飞.冷链物流中冷藏车辆的节能与环保技术研究[J].中国物流与采购,2024(10):91-92.

[7]杨楠.铁路冷链物流智能监测与控制系统[J].铁道货运,2024,42(2):52-59.

[8]陈志强,吴海青.一种新型冷链物流监控系统的设计与实现[J].物流科技,2024,47(4):158-160+171.

[9]孙惠.基于大数据技术的智慧冷链物流发展与创新分析[J].中国航务周刊,2024(13):63-65.

[10]康珍.农产品冷链物流技术升级与创新发展研究[J].现代食品,2024,30(4):66-68.

[11]曹斐,施铖,陈泽鹏,等.我国肉类产品全冷链物流技术研究进展[J].日用电器,2024(2):70-75.

[12]许丽娟,魏金梅,邓茜.农产品冷链物流风险识别综述[J].中国储运,2022(9):141.

[13]孙静远.供应链视角下生鲜电商冷链物流风险管理研究[J].产业创新研究,2022(15):74-76.

[14]王亚倩,朱雪涵.农产品冷链物流发展存在的问题及改进建议[J].物流工程与管理,2022,44(6):93-95.

[15]刘妍,廖吉林.基于FAHP的生鲜电商冷链物流绩效评价研究[J].物流科技,2022,45(6):148-150.

[16]范晓萱.航空冷链物流发展现状及对策研究[J].中国储运,2023(12):193.

[17] 聚焦"六个一"推动提升冷链物流发展水平[J].中国经贸导刊,2022(1):27-29.

[18] 陈瀛川.探究生猪屠宰检疫流程与检疫要点[J].吉林畜牧兽医,2024,45(3):169-171.

[19] 高胜普,李春保,王永林,等.重要畜禽屠宰与肉类加工技术标准解读[J].肉类工业,2022(11):46-52.

[20] 闵令猛,崔文建,李伟.浅谈生猪屠宰设备的应用[J].肉类工业,2021(11):42-46.

[21] 林捷.黄羽肉鸡屠宰工艺技术对鸡肉品质的影响[J].养禽与禽病防治,2023(3):36-39.

[22] 李生清,杨丽.浅谈肉鸡屠宰检疫要点与监督管理[J].吉林畜牧兽医,2021,42(5):120.

[23] 袁筱怡,杨媛,史韦艳.第三方冷库冷链食品安全监管模式研究[J].食品安全导刊,2022(31):13-15.

[24] 张露.生鲜农产品仓储管理探究[J].广东蚕业,2021,55(1):110-111.

[25] 张博源,张雅鑫,林千钰,等.信息系统设计在仓储管理当中的应用——以冷链物流为例[J].中国市场,2021(19):144-145+198.

[26] 禹亮,孙萧,宋丽华,等.冷链物流公共信息服务平台的设计与实现[J].信息技术与信息化,2020(11):34-37.

[27] 王崇民.发改委新政:重点支持肉类屠宰加工等冷链物流设施项目[J].食品安全导刊,2021(22):10.

[28] 安海燕,何金彪,马成燕.生鲜电商冷链物流"末端"配送风险识别研究[J].物流科技,2024,47(11):143-145.

[29] 林秋雄.生鲜肉品冷链配送最短路径算法研究[J].物流工程与管理,2024,46(5):27-30.

[30] 刘明浩.冷链物流质量管理存在的问题及对策分析[J].物流科技,2023,46(18):136-138+142.